全訂新版 現代文化を学ぶ人のために

井上 俊[編]

世界思想社

目次

見開きエッセイ

序　現代文化のとらえ方

井上　俊

現代文化の特徴を本書では、都市、消費、情報という三つの要因を中心にしてとらえることにしよう。現代文化は、都市文化であり、消費文化であり、情報文化である。もちろん、これらの三つの要因は相互に関連しあっているし、さらにこれらの要因との関連で、たとえば「大衆化」とか「グローバル化」といった特徴に注目することもできるだろう。この序論では、こうした現代文化の特色について、その歴史的な成り立ちなどにもふれながら概観してみる。「近代」文化とはやや性質を異にする「現代」文化が姿をあらわしてくるのは、「先進的」な西欧諸国の場合、だいたい一九二〇年代頃からといわれるが、もちろんそれは突然あらわれるわけではない。それまでの歴史的経緯があり、またその後のさまざまな展開もある。

「みせもの」の文化

現代文化が都市文化としての性質を強くもっていることは、誰の目にも明らかであろう。もちろん都市そのものの歴史は古いが、ある社会の大多数の人びとが都市に住み、そこを生活の場にするというのは、比較的新しい現象である。産業化の進展にともなって、西欧では二〇世紀に入る頃から、いくつかの社会で都市人口が総人口の半数を上まわるようになった。日本では大正期、一九一五年頃から急速な都市の発展がみられるが、都市人口が五〇％を超えるのは、第二次大戦後、一九五〇年代半ばになってからのことである。

こうした動向は「都市化（urbanization）」と呼ばれる社会過程の進展を示している。しかし都市化とは、都市人口の増大だけを指す概念ではない。そこには、都市的な生活様式の発展と普及ということが含まれている。ここでいう「生活様式（way of life）」とは、人びとの特徴的な行為の仕方、生活の流儀、考え方や価値観などの複合体、つまりは社会学や文化人類学でいう広義の「文化」のことである。そしてこの都市的生活様式は、もちろん都市を基盤として形成されるのだが、しだいに非都市地域にも浸透していく。したがって都市文化は、単に都市地域の文化ではない。むしろ、現代文化全体が都市文化なのである。

「都市は芸術を育てるが、同時に都市そのものが芸術である。都市は劇場をつくるが、同時に都市そのものが劇場である」というルイス・マンフォードの言葉にもみられるように（Mumford 1937）、都市はしばしば劇場にたとえられる。「劇場」のメタファーは、いろいろなイメージを呼び起こすが、たとえば、思いがけない出会いや出来事に富み、さまざまなドラマが生まれる空間といったイメージなどは、最もポピュラーなもののひとつであろう。しかし劇場はまた、人びとに楽しい「みせもの」を提供する場所でもある。そしてそこで上演されるのは、演劇という「模擬の遊び」（R・カイヨワ）であり、演出と演技によって舞台上につくられた仮構の世界である。それゆえ、都市を劇場のメタファーでとらえる発想のなかには、都市はドラマチックな空間であるというイメージとともに、都市文化（ひいては現代文化全体）がイベント性の強い「みせもの」の文化であるというイメージ、あるいは演出と演技による仮構的な「みせかけ」の文化であるというイメージもまた含まれている（「みせもの」や「みせかけ」という言葉は、否定的なニュアンスをともなって用いられる場合が多いが、ここでは必ずしもそういう使い方をしない）。

都市文化、ひいては現代文化の「みせもの」文化としての側面を歴史的によく示しているのは、博覧会の事例であろう。産業化の進展につれて、その成果（製品や技術）を展示する小規模な博覧会はすでに一八世紀からみられるが、国際的規模での博覧会のはじまりは一八五一年にロンドンで開催された万国博覧会である。これが、一四一日間で、のべ六〇〇万人以上の人びとを集めるという大成功を収め、以後、パリ（一八五五年、六七年）、ウィーン（一八七三年）、フィラデルフィア（一八七六年）等々、万国博覧会の開催が相次ぐことになる。万国博は、時代の先端を行く大がかりな都市イベントとして、工業文明の発達、都市の発展、商品経済の浸透を象徴するものであると同時に、それらの動向を促進するものでもあった。

今日、世界を舞台とする大イベントといえば、多くの人はオリンピックを思い浮かべるかもしれない。

しかし万国博は、約半世紀オリンピックに先行し、したがって初期のオリンピックはその人気においても規模においても、とうてい万博に対抗できるようなイベントではなかった。事実、第二回のオリンピック・パリ大会（一九〇〇年）、第三回のセントルイス大会（一九〇四年）は万博に相乗りさせてもらい、万博の一部として開催されたのである。

日本も比較的早くから万博に関心を示し、一八六七年のパリ万博には幕府、薩摩藩、佐賀藩が参加している。日本政府としての参加は、明治維新後の一八七三年ウィーン博が最初であり、これが約一〇〇年後の大阪万博（一九七〇年）につながる。現在では万国博のイベントとしての力は低下し、オリンピックに差をつけられているようにもみえるが、開催期間の長さなども考慮すると、その影響力や経済効果はなかなか侮れない。また、たとえば、ソウル・オリンピック（一九八八年）とテジョン万博（一九九三年）、北京オリンピック（二〇〇八年）と上海万博（二〇一〇年）など、万博とオリンピックのセットが「先進国」へのパスポートの役割を今なお担っていることも見落とすべきではない。

展示と消費

万博は本来さまざまな品物や技術を「展示」することが中心となる催しであるが、展示品を「売る」ことに重点を移して、万博をいわば「商店化」すると、そこに百貨店（デパートメント・ストア）が生まれる。欧米諸国におけるデパートの誕生が、万国博覧会がはじまり発展していく時期と重なっているのは偶然ではない。一九世紀の半ば過ぎから、パリのボン・マルシェ、ニューヨークのメイシーズ、ロンドンのハロッズなど、次々と本格的なデパートが生まれ、発展していくが、それらはいずれも建物の構造や空間の構成、ディスプレイの方法などにおいて、博覧会から影響を受け、多くを学んでいる。

デパートの発展の背景には、生産技術の発達によって大量生産が可能になったという状況があり、また都市の中流階級が消費の主体として（つまり有力なマーケットとして）成長してきたという事情もある。デパートは、この中流階級の、とくに女性たちを相手に、個々の商品というよりはむしろ商品の複合体としてのライフスタイルを売り込むことによって成功した。工夫を凝らして展示されるさまざまの商品は、総体として、中流階級のあるべきライフスタイルを示しており、そのスタイルを調えることによってはじめて、中流階級（つまり社会の中核をなす階級）の一員であることが認められる。今や、階級的アイデンティティは、生産機構のなかでの位置というよりむしろ消費のスタイルに依存するようになった。そしてデパート側は、モデルとなるライフスタイルを絶えず新しいものへ、しかも一段上のものへ（少なくとも、そうみえるものへ）と更新することによって、人びとの消費欲求を誘導し拡大していった。

デパートにはいつもたくさんの人が集まり、デパート側の演出やイベント企画などもあって、博覧会と同様の「みせもの」的、スペクタクル的な活気や祝祭的な雰囲気が漂っていた。多様な商品だけでなく、この雰囲気、ムードが人びとを惹きつける大きな力であった。ボン・マルシェとその創設者ブシコー夫妻について鹿島茂が述べているように、「消費者が、とくに何を買うという目的がなくても、無料のスペクタクルを見物するような軽い気持ちで〈ボン・マルシェ〉にやってくること」が重要なのである。しかし、いったんやってくれば、なかなか無料ではすまない。デパートという「スペクタクル空間」は、同時に、巧みに計算された「欲望喚起装置」でもあるのだから（鹿島　一九九一）。

一八七〇年代から二〇世紀初頭にかけてのデパートでは、その魅惑的で華やかな雰囲気のなかで、顧客である「立派なレディたち」による万引きが多発して話題になったという。万引きはもちろん犯罪であるが、デパート側としてはこれをきびしく取り締まるというわけにもいかなかった。万引き犯のレディたちはもともと上客であるし、彼女たちの夫や父親の社会的地位・財産などを考えても、ことを荒立てるのは得策ではない。当時の新聞・雑誌などのジャーナリズムもレディたちの味方であり、労働者階級に属するデパートの警備員や店員が、中・上流階級の立派なレディたちを「泥棒呼ばわりする」ことに批判的な記事なども少なくなかった。そこで、一種の社会的調整として、当時の精神医学によってクレプトマニア（窃盗症）という病気が発明され、レディたちの万引きは「犯罪」ではなくて「病気」として扱われるようになった。この病気はまた、女性の生理的・心理的特質と関係が深いとされた。しかし、たとえば労働者階級の女性が市場で万引きをしたりすれば、それはもちろん犯罪として警察に突き出されたのである。以上のような経緯については、アメリカのデパートの事例を中心に扱ったＥ・Ｓ・エイベルソンの興味深い研究がある（エイベルソン　一九九二）。

エイベルソンはまた、アメリカのデパートは「消費の文化」の中枢に位置し、いわゆる大衆消費社会の形成における「最も有力な制度」であったと述べているが、これはアメリカにかぎったことではない。日本においても、いくぶん時期は遅れるが、一九〇四年（明治三七年）にまず三越、次いで明治四〇年代以降、松坂屋、白木屋、髙島屋、そごう、大丸などが近代的なデパートとしての歩みをはじめ、都市の中流層を担い手とする消費文化の形成に中心的な役割を果たしていくことになる。今日では、スーパーやコンビニ、あるいはショッピングモールやディスカウントストアなど、デパートとは異なるビジネスモデルに基づく商業施設が増え、またネット通販店の発展などもあって、デパートの衰退といった声もきかれるが、しかしなお、デパートが現代の消費文化において独自の一角を担っていることは否定できない。

「みせかけ」の文化

現代文化は「みせかけ」の文化でもある。たとえばデパートという「スペクタクル空間」にしても、それは同時に消費者の購買欲をかき立てるためのさまざまな戦略や演出を含む舞台でもあるから、そこには明らかに「みせかけ」としての側面がみられる。一方、消費者の側も、必ずしも生活に必要だから買うというのではなく、たとえば階層感覚を確認するために、あるいは流行に後れないために、あるいはまた隣人に後れをとらず、あわよくばいくらか差をつけるために、といった「同調と差異への関心」に大きく影響されており、ここにも「みせかけ」の要素が働いている（この点は、T・ヴェブレンからJ・ボードリヤールにいたる消費文化論において繰り返し指摘されてきた）。

「みせかけ」の文化は、情報化の過程とも深く関連している。「みせかけ」の形成や維持に情報操作は欠かせないからである。「情報化」の問題は、一九七〇年代の半ば頃から盛んに取り上げられるようになり、主として政府や政治組織による情報操作、企業によるCMや販売戦略、あるいは経済の「ソフト化」（「モノから情報へ」）などとの関連で論じられた。しかし、そうした情報に動かされながら、さまざまな行為や商品を通して自分自身を演出し、望ましい自分のイメージをアピールしようとする私たちの活動もまた、一種の情報活動である。これはいわば自己の情報化ということであり、本書でのちに扱われるファッションの領域などにも関係の深いテーマであるが、この自己情報化の問題を、対人関係やコミュニケーションという微視社会学の基本的な文脈で取り上げたのがE・ゴフマンであった。

ゴフマンの社会学は、みずから断っているように、二〇世紀中葉以降のアメリカの都市の中流階級の人びとの日常的行動についての観察と調査をもとに組み立てられている。

社会的な相互作用状況のなかで他者を前にして行為するとき、私たちの行為は多かれ少なかれ演技の性格をおびる。俳優が舞台で役を演じるように、私たちも、ある状況のなかで、たとえば父親や母親、友人や恋人、先輩や後輩など、何らかの役を演じ、しばしばそこに「理想化された自己」や「偽りの自己」を投影する。つまり私たちは、社会的状況を舞台とし、その状況に含まれる他者を観客（オーディエンス）とするパフォーマーであり、そのパフォーマンスを通して、自分が他者に与える印象を統制し操作しようとする「印象の演出者」である。しかしこのことはオーディエンスにもよくわかっているので、オーディエンスは通常パフォーマーの自己呈示を額面通りに受け入れることに慎重であり、パフォーマーが意図的に発信している情報の妥当性を、パフォーマーが何気なく漏洩してしまう情報によってチェックしようとする。だがさらに、パフォーマーの側がこのチェックを利用して、何気ないふりをして補強情報を発信し（「計算された何気なさ」）、これを印象操作の有力な手段とすることもある。こうして、私たちの社会的相互作用は「一種の情報ゲーム」となる（ゴフマン 一九七四）。

このような自己情報化の進展は、どこの誰ともわからないストレンジャー（あるいは、それに近い人びと）同士の接触交渉を必然化する都市化の進行と関連している。都市化した状況のなかでこそ、さまざまな「みせかけ」が効果を発揮する。と同時にそれは、「パーソナリティ・マーケット」(C・W・ミルズ)の拡大をもたらす脱工業化(経済のソフト化)過程とも関連している。第三次産業の発展につれて、セールスやサービス業の領域で「感じのよいパーソナリティ」が、そしてその感じのよさを必須とする「感情労働」(A・R・ホックシールド)がますます求められるようになるからである。

もちろん、ゴフマンも強調しているように、こうした演技や「みせかけ」のすべてが利己的な動機や目的に基づくわけではない。たとえば、相手を傷つけないための演技やうそといったものもある。これらをもう少し広くとらえて、ゴフマンは「相互作用儀礼」と呼んだ。それは、一般にエチケットやマナーと呼ばれているものや、相手の失態に気づかないふりをする「思いやりある不注意」など、具体的にはさまざまな形をとってあらわれるが、ゴフマンによれば、その根本は相手の体面を守り人格を傷つけないという原則に立つ儀礼的パフォーマンスであり、これによって私たちの社会的相互作用の秩序が保たれている。いいかえれば、私たちの社会生活は、この種の「みせかけ」の文化に支えられ、その上に成り立っているのである(ゴフマン 二〇一二)。今日では、いわゆるマナーやエチケットの慣例的なパターンが崩れてきたため、私たちは以前よりもいっそう意識的な演技や演出によって、他者を傷つけないための「みせかけ」を保持していかねばならない。

人生と世界の物語

微視社会学的レベルでの「みせかけ」の文化は、こうして、戦略的な自己イメージの操作から、ちょっとした自己演出や自己顕示、あるいは相互作用儀礼のような社交的パフォーマンスや、その場の「空気」や期待への同調などにいたるまで、さまざまな形の「演技」としてあらわれ、そこにさまざまな「物語」をつくりだす。演技するということは、しばしば、そのもとになる筋書き、つまり物語をつくり、それを上演するということである。ある状況のなかで自分が果たすべき役割についての物語、自分と他者との関係についての物語、あるいは過去の出来事や自分のこれまでの人生についての物語――それらさまざまの物語がいわば台本になる。しかし、これらの物語とその上演は、必ずしも単なる作り話、単なる「みせかけ」にとどまるものではない。もともと、人生における出来事や経験の意味というものは、「物語」の形でメリハリをつけないと、うまくとらえられないところがある。その意味で、物語は人間にとって「経験を整序し現実を構成する」ための「基本的な形式」である（ブルーナー 一九九八）。とすれば、ここでの「みせかけ」と「現実（リアリティ）」との関係はきわめて微妙なものとならざるをえない。

「人間はつねに物語の語り手であり、自分の物語と他人の物語に囲まれて生活している。彼は日常のすべての経験を、これらの物語を通して見る。そして自分の生活を、他人に語っているみたいに生きようと努めるのだ」。J-P・サルトルの小説『嘔吐』の主人公は、このようにいう（サルトル 一九九四）。しかし、どんなに立派な物語をつくっても、もし誰からも認めてもらえなければ、それは一種の幻想あるいは妄想にとどまり、それを「自分の物語」として維持していくことはむずかしい。だから私たちは、自分について、あるいは自分の人生について、絶えず他者（とくに友人や家族）に語りかけ、自分の物語を批准してもらおうとする。それは他者の側も同じであるから、私たちは、たとえば自分の両親、兄弟姉妹、恋人や配偶者、友人、同僚らがそれぞれにつくり、語る物語に囲まれて生活している。こうして、他人の物語と私たち自身の物語とが絡み合い、影響し合い、またときには、お互いの物語内容をめぐって、ある種の取引や妥協がおこなわれたりもする。

他人の物語のなかには、自分とは直接関係のない他人がつくった物語もある。それはたとえば、神話や伝説、童話や小説、あるいは映画やテレビを通して流布されるさまざまの物語など、いわば文化の一部として存在している物語であって、私たちは、まわりの世界や状況を認知し解釈するための枠組みとして、あるいは自分の物語をつくる際のモデルや素材としてそれらを利用している。

このように、私たちの自己と人生の物語は、複雑な社会的コミュニケーション過程のなかで構築され伝達されていくのだが、その過程には当然さまざまな「みせかけ」や自己欺瞞が忍び込み、見分けがたく事実とブレンドされていく。その意味で、私たちの人生のリアリティは「みせかけ」を織り込んだ形で成り立っているのである。

私たちが自分について語る物語にはさまざまなバージョンがある。どんなに「正直」な人でも、自分自身に語る物語と他者に語る物語とがまったく同じとはいえないだろう。さらに、その他者が誰であるか、また直接に語るのかネット上で語るのかなどによっても、さまざまなバージョンが生じる。そして、これらの多様な自己呈示をすべて統括している「私」、つまり「すべての操り人形の糸を一手に握っている人形使い」（コリンズ　二〇一三）がいるかといえば、これもあやしい。むしろ、「私」は自分がつくりだす物語やパフォーマンスの効果によって影響され形成される面があり、その意味で人形使いは多かれ少なかれ自分が使う人形たちに依存しているのである。

このように考えるなら、まず人生があって人生の物語があるのではない。私たちは、自己および他者の人生を（あるいは人生のなかの出来事の意味を）物語として理解し、構成し、意味づけ、自分自身と他者たちにそれを語る、あるいは語りながら理解し、構成し、意味づけていく――そのようにして構築され、語られる物語こそが私たちの人生にほかならないのである（井上　二〇〇〇）。

編集可能な世界？

人生が物語であるとすれば、世界もまた物語である。私たちの人生は、他者を含む世界のなかで展開する。もちろん、ここでいう世界は単なる物理的な環境ではない。人間によって意味づけられ、秩序づけられた環境が「世界」である。だから、カルロス・カスタネダの一連の著作の主人公、メキシコのヤキ族の老呪術師は次のようにいう。「世界がこれこれであったり、しかじかであったりするのは、要するにわしらが自分自身にそれが世界のあり方なのだといいきかせているからにすぎん。もしわしらが世界はこのようなものだと自分自身にいいきかせることをやめれば、世界もそうであることをやめるんだ」（カスタネダ　二〇一二）。

現代の私たちの社会で、「世界はこのようなものだといいきかせる」うえで重要な役割を果たすのは、各種のマスメディアが流布する情報やインターネット上の多様な情報であろう。これらの情報が、私たちに日々さまざまな物語を提供し、私たちの世界像の形成・維持・変容にかかわっている。提供される物語はもちろん多様であるが、必ずしも同じ平面に並んでいるわけではない。ある物語が提供され、広まると、別のメディアや発信者によって、その物語についての物語が提示され、さらにその第二の物語についての物語が……というふうに積み重なって、いわば多層化していく場合が少なくないからである。そして、この種のメタ情報（情報についての情報）やメタ物語（物語についての物語）は、俗にいう裏情報あるいは裏話として流通することが多い。

裏情報とか裏話というと、ひそひそと囁《ささや》かれるものというイメージがあるが、現代ではむしろ「あれは実は……」という裏話的な情報こそが「売り」となり、主流となる。美しい物語や立派な物語は、たちまちひっくり返される運命にある。裏話には、「表」にあらわれている理念やタテマエを相対化し「脱神話化」する作用がある。こうして、情報の「多層化」は、神話的あるいは規範的な含みをもつ「大きな物語」の力を衰弱させる。

裏話型の世界観の根底には一種のシニシズムがある。「表」にはいろいろきれいごとが示されていても、結局のところ、人間も、人間の集団や組織も、利己的な動機で動く。どんなに立派にみえる行動も、裏の動機をさぐれば、必ずや権力欲、物欲、性的関心、保身や組織防衛の必要などに行きつくだろう。そういう物の見方である。したがって、裏話や裏情報は、個人や集団の自己情報化に基づく「みせかけ」の文化をつき崩していく働きをもち、ここでもさまざまな「情報ゲーム」が展開されることになる。

しかし、裏話や裏情報というものは、本来、意地の悪い仮面はがしだけでなく、お互い人間的弱点をもつ者として人と人とを結びつけていく働き、あるいは遠い対象を身近に引き寄せて理解を深める働きなどをも含んでいるはずである。表と裏を単純に対比するのではなく、表もあれば裏もある、ふくらみをもつ全体として人間と世界をとらえるところに、むしろ裏の物語の重要な意味があるのではないか。

たしかに、私たち自身、裏話に接してはじめて「なるほどそうだったのか」と納得することも多いのだけれども、だからといって、裏からのシニカルな物語だけが現実で、表のタテマエや理想はすべて虚偽だというのは単純にすぎる。現代人も決して理想を信じる能力を完全に失ってしまったわけではない。また、たとえ当初は表面を飾る仮面にすぎなかったとしても、長くかぶっているうちに仮面と顔との区別がつかなくなるということもある。

社会的現実は意味の秩序として成り立っており、そのかぎりにおいて「物語」によって支えられているといってよい。しかし今、これまで多くの人びとが常識的に信じてきたさまざまな物語が信憑性を失いつつあり、したがってそれらの物語を基盤としてきた私たちの現実感覚もゆらぎつつある。この「ゆらぎ」については、情報テクノロジーの高度化との関連で論じられることも多い。たしかに、いわゆる直接経験よりも、高度テクノロジーを介した情報経験のほうが、あるいは極端な場合にはそれだけが、リアルな経験だと感じられることは十分にありうる。しかし問題は、オリジナル以上に精巧なコピー、現実以上に現実的な虚構という点にあるのではなく、むしろオリジナルとコピー、現実と虚構、実体とみせかけといった、かつてはほとんど間違いようのなかった区別があいまいになってしまったところにあろう。そして、この種の区別に関する自明的な物語のほころびのなかから、現代の高度情報社会においては厳密な意味でのオリジナルは存在せず、すべてはコピーあるいはシミュレーションであるという新しい物語もあらわれてくる。

こうした動向に対応して、社会学の領域でも、たとえばひところ盛んであった「疑似環境」「疑似イベント」「疑似体験」といった問題はあまり論じられなくなった。何が「疑似」かという規準が立てにくなったからである。何が現実で何が虚構（みせかけ）かという問題の立て方ではなく、虚構やみせかけを含むある状況（あるいは世界）がどういう条件のもとで「現実」として受容され通用するのかといった問題の立て方が主流になってくる（学説史的にいえば、たとえばA・シュッツやP・L・バーガーの多元的現実論、H・ガーフィンケルのエスノメソドロジー、E・ゴフマンのフレーム分析などが、この流れを先導した）。

重要なのは「どういう条件のもとで」という点である。ここをあいまいにすると、世界はどのようにでも編集できる（あるいはカスタマイズできる）という考え方になる。私たちは、メディアやネット上の厖大な情報をデータベースとして、そこから取り出した情報をさまざまに組み合わせ、好みの物語に編集することによって、世界を構築し、未来をプログラムすることができる――これは私たちを勇気づける考え方かもしれない。そしてたしかに、誰でも自分のお気に入りの物語、あるいは自分の集団に有利な物語をつくることができるだろう。しかし問題はその先にある。誰もが自分の物語を他人に認めさせたり、社会に受け入れさせたりすることによって「現実化」できるわけではない。そこには、広い意味での権力作用の問題がある。この点をぬきにして編集可能な世界について語ることの危うさは明らかであろう。もう少し一般化していえば、文化の問題を政治過程や権力作用の脈絡から切り離して考えることはできないということである。こうして私たちは、文化と権力の関係という問題に目を向けざるをえなくなる。

引用・参照文献

井上俊　二〇〇〇「物語としての人生」『スポーツと芸術の社会学』世界思想社。
T・ヴェブレン　一九九八『有閑階級の理論――制度の進化に関する経済学的研究』高哲男訳、ちくま学芸文庫。（一九六一『有閑階級の理論』小原敬士訳、岩波文庫。）
E・S・エイベルソン　一九九二『淑女が盗みにはしるとき――ヴィクトリア朝期アメリカのデパートと中流階級の万引き犯』椎名美智・吉田俊実訳、国文社。
鹿島茂　一九九一『デパートを発明した夫婦』講談社現代新書。
C・カスタネダ　二〇一二『分離したリアリティ』（新装版）真崎義博訳、太田出版。
E・ゴフマン　一九七四『行為と演技――日常生活における自己呈示』石黒毅訳、誠信書房。
E・ゴフマン　二〇一二『儀礼としての相互行為――対面行動の社会学』（新装版）浅野敏夫訳、法政大学出版局。
R・コリンズ　二〇一三『脱常識の社会学――社会の読み方入門』（第二版）井上俊・磯部卓三訳、岩波現代文庫。
J-P・サルトル　一九九四『嘔吐』（改訳新装版）白井浩司訳、人文書院。
J・ブルーナー　一九九八『可能世界の心理』田中一彦訳、みすず書房。
J・ボードリヤール　一九九五『消費社会の神話と構造』（普及版）今村仁司・塚原史訳、紀伊國屋書店。
A・R・ホックシールド　二〇〇〇『管理される心――感情が商品になるとき』石川准・室伏亜希訳、世界思想社。
L. Mumford 1937 "What Is a City?" *Architectural Record* 82. Reprinted in R. T. LeGates and F. Stout (eds.), *The City Reader*, Routledge, 1996.

おすすめ文献

井上俊・伊藤公雄編　二〇〇九『メディア・情報・消費社会』（社会学ベーシックス６）世界思想社。
遠藤知巳編　二〇一〇『フラット・カルチャー』せりか書房。
近森高明・工藤保則編　二〇一三『無印都市の社会学』法律文化社。
吉見俊哉　二〇〇三『カルチュラル・ターン、文化の政治学へ』人文書院。

I

現代文化へのまなざし

1 都市文化としての現代文化

近森高明

盛り場の消失

都市文化としての現代文化――このように題する文章でいきなりこんな始まり方をするのも何だが、私たちはいま、都市文化を語ることの困難な状況にある。というのも、都市文化を語る際の基盤それ自体が変容しつつあるからだ。「都市的なるもの」という確固たる基準があれば、それに立脚して「都市らしい」文化のあれこれを語ることができる。けれどもいま生じているのは、そもそも「都市らしい」かどうかを判定する基準そのものの変容だ。だから、都市文化の現在を語るという作業には、眼前にくり広げられている都市文化の変容を語りながら、その語りを支える基準自体の変容をも反省的に語るという、二重の作業が含まれることになる。ここに都市文化を語ることの、現在的な困難がある。それゆえ都市文化としての現代文化を語るという課題を、いくぶんなりとも誠実にやり遂げようとすれば、都市文化の輪郭が多重化し揺らぎつつある、その揺らぎの相のもとに、現代文化のありようを探ることになるだろう。

ともあれ、もう少し具体的に話をすすめてみよう。「都市的なるもの」という基準が変容しつつあることの、わかりやすい例は、いま、盛り場が消失しつつある——より正確にいえば、時代を象徴するような盛り場が消失しつつある——という点だ。東京であれば、戦前なら浅草や銀座、そして戦後には新宿や渋谷が、時代ごとの主要な盛り場として人びとの注目を集めていた（吉見 一九八七）。娯楽施設が集積し、雑多な人びとが混淆する街としての浅草。西洋への窓口として、モダンの中核を担う街であった銀座。若者がたむろし、アナーキーなエネルギーが渦巻いていた新宿。最先端のファッションが競われる舞台としての渋谷。それぞれの時代において、それらの盛り場は濃密な意味を担い、人びとは街がもつ神話性やシンボル性に惹きつけられ、遠くからでもわざわざそれらの街に足を運んでいた。憧れの街であり、そこに出かけることで何かが起きる、ないしは自分が何か特別な存在になれるという期待や夢があった。

けれどもそんな特別な魅力をもつ盛り場が、いまはみあたらない。街は個性を失いつつあり、そこに出かけなければ得られない経験というものが、消え去りつつある。その大きな要因は、全国的に広がる消費環境の均質化に求められるだろう。コンビニエンスストアやファミリーレストラン、ドラッグストア、TSUTAYAやブックオフ、等々のフランチャイズやチェーンの店舗の展開により、人びとは場所にかかわらず均質なモノやサービスを手に入れられるようになった。東京都心のファミレスであれ地方郊外都市のファミレスであれ、提供されるメニューに変わりはない。どこであれ均質な経験が得られるのだとすれば、わざわざ都心の盛り場にまで出かける必要はない。そうして神話性やシンボル性は希釈され、かつて輝いていた盛り場も、他の郊外都市と変わらない凡庸な街としての姿をさらすようになった(東・北田 二〇〇七)。

盛り場の消失という、この事態は、都市文化の語り方にも大きな影響を及ぼす。盛り場はかつて、都市文化のありようをつかむうえで特権的な単位だった。新宿なら新宿。渋谷なら渋谷。それらは「都市らしい」文化を語るうえで当時の誰もがすぐに連想する場所であり、そのように誰もが同じような連想をするという限りにおいて「都市的なるもの」という基準もまた、確固たる基準として共有されていた。それらの盛り場には、同時代の都市空間の経験が凝縮したかたちで体現されていて、その原理や機制や構造を明らかにすれば、同時代の都市文化のあり方を一般的なかたちで明らかにできる――こんな語り方が一定の説得力をもっていたのだ。だが盛り場が力を失った現在、このような語り方はもはや通用しない。個別のあれこれの盛り場という空間でもって、同時代の都市空間の全体を代表させることはできない。

(ここで「都市的なるもの」について補足をしておこう。都市社会学の始祖たるシカゴ学派が扱った一九二〇年代のシカゴは、「社会的実験室」といわれたように、大量の移民流入を背景に、ありとあらゆる「都市問題」が発生する場所であった。と同時にそこはジャズを代表とする、あらたな文化や価値観が生み出される場所でもあった。異質なものがぶつかり合う、エキサイティングでダイナミズムあふれる場所――シカゴ学派以来、伝統的に社会学では「都市的なるもの」をこのようなイメージでとらえてきたといえよう。現在生じているのは、こうしたイメージの非自明化である。)

都市空間のモール化

話題のスポット、というものはしばしば喧伝される。だがそれらは、均質な消費装置に対抗する固有な何かというよりも、均質な消費装置の延長線上にありつつ、場所性を記号的に仕立てあげ差異化しようとする、新興の「街」だ。それらは盛り場ないしは街という具体的なコンテクストから遊離した、自己完結的な商業施設である。東京であれば、恵比寿ガーデンプレイスや六本木ヒルズをはじめ、汐留シオサイト、赤坂サカス、そして渋谷ヒカリエ、東京ソラマチ、等々。これら近年の都心部再開発にともなって建設された複合商業施設は、いずれも「街」を自称していながら、じつのところは周囲のエリアに背を向ける格好で、もっぱら自閉的な商業空間を構成している（若林 二〇〇五）。それら話題のスポットに惹かれて最寄り駅までやってきた顧客は、直結する通路をたどって商業施設に入り、ひとしきり楽しい時間を過ごしてから、さてふたたび駅へと戻ってゆくだけで、その外側に広がるコンテクストとしての街は一顧だにしない。「街」を訪れていながら、街に出て行くことがないのだ。

ヒルズは六本木から切り離されており、サカスは赤坂から切り離されており、ヒカリエは渋谷から切り離されている。そうしてコンテクストから切り離したうえで、「六本木」なり「赤坂」なり「渋谷」なりの地名が、他とは異なるしるしとして、商業施設に記号的に貼りつけられる。入っているテナントは――「日本初出店」「地域限定」などのマイナーな差異化はほどこされているとしても――どこであれほとんど変わらない均質なショップぞろいだ。本質的には均質でありながら、記号的にだけ差異化されている。ヒルズは六本木にある必然性がなく、サカスは赤坂にある必然性がなく、ヒカリエは渋谷にある必然性がない。それはちょうど、東京ディズニーランドが千葉県浦安市にある必然性がないのと同じことだ。

盛り場としての街が消え去り、その空虚を埋めるようにして、自閉的な新興の「街」があちこちに出現する。これは一言でいってしまえば「都市空間のモール化」と呼ぶべき動向だ。ショッピングモールは、従来なら、郊外の幹線道路やバイパス沿いに広大な駐車場をそなえて立地するのが典型的なあり方だった。都心部の外縁にだらしなく伸び広がる郊外に、唐突に姿をあらわす巨大なハコとしてのショッピングモール。それは自動車生活を主軸とする郊外ならではの商業施設という印象が強かったが、近年、そうしたモールに類する商業空間が、稠密な都心部のあちこちに入り込んできている。一方では、述べているように、都心部再開発で建設される複合施設に、必ずといっていいほどモールが組み込まれてきている。他方、交通の要衝となる鉄道駅施設に、駅ナカや駅チカというかたちでモールが融合してきている。あるいは商業施設ではない、医療や教育や行政にかかわる施設にもまた、モールと同様の空間構成の原理が浸透しつつある。領域を問わず、都市の生活環境を構成するさまざまな空間が、自発的にモールの原理を取り入れつつあるのだ。それゆえ都市空間は現在、大小のモール空間がそのうちで増殖すると同時に、自身が自身をモールに似せて成型するという、二重の意味でモール化しつつある。私たちは日常のルーティン的な移動のなかで、あるいは休日に街に出かけるときに、モール空間に触れる機会が格段に増えている（若林編 二〇一三、速水 二〇一二）。

強烈な求心力をもつ盛り場が消失し、何でもそろう快適で便利なモールが都市空間のあちこちに増殖する。この状況の感触をうまくつかんでいると思われるのが、人類学者のマルク・オジェが提起している「非‐場所」という概念である。オジェによれば、そもそも固有の「場所」とは、アイデンティティ付与的・関係的・歴史的なものとして特徴づけられるという。つまり、そこをつうじて自分が何者であるかの確認ができ、そこに他者との関係性の基盤が埋め込まれており、かつ、そこに過去や由来を認めることができるのが、有意味な「場所」である（オジェ 二〇〇二）。

だがオジェは、グローバリゼーションの動向のもとで、あらゆる差異が平板にならされてゆく結果、そうした固有の場所は失われ、かわりにアイデンティティにも、他者との関係性にも、歴史にも関与しない空間としての「非‐場所」が世界中に広がりつつある、という。それは、人びとに特別な愛着を呼び起こさず、帰属しているという感覚の繋留点ともなりえない、つるつるとした無表情な空間である。「非‐場所」の代表例としてオジェがあげているのが、空港であり、高速道路であり、そしてショッピングモールである。これらはいずれも、人びとがそこをただ通過していくだけの空間であり、互いに入れ替えが可能な、どこでもない、あるいはどこでもありうる、個性を欠いた空間である。

重要なのは、オジェがいま起こりつつある事態を、かつてあった確かなものが消失しつつあるという、ネガティヴな相のもとにとらえているわけではない、という点だ。場所性が失われていること自体が大事なのではない。大事なのは「非‐場所」がある、ということだ。「非‐場所」という特異なありようをする空間が、どんどん増殖し、私たちの場所の感覚を組み替えながら、日常経験の基盤をかたちづくるようになっている。そのポジティヴな相のもとに、現状をとらえようとすることにオジェの強調点がある。このオジェの見方にならうなら、私たちも、都市空間がモール化していると指摘したところで、それを、たんに魅力的な盛り場が失われている、という欠如のかたちでだけ問題にするべきではないだろう。増殖しつつある「非‐場所」としてのモールの、そのあらたな空間の質感が、私たちの都市空間の経験とどのように結び合いつつ、私たちの想定する「都市的なるもの」という基準を変容させているのかが問われなければならない。

実存と消費の癒着

モール化しつつある都市空間を、私たちはどのように経験しているのだろうか。その経験の特質は、かつての盛り場を典型的なあり方とする都市経験のありようと、どのように違ってきているのだろうか。この変容は、さまざまな観点から描きだすことができるだろうが、ここでは、ひとつのシンプルな見取り図をえるために、つぎのようなポイントに着目してみよう。すなわち、都市経験における消費の役割と、そこに関与する実存の水準のかかわり方に注目しつつ、一九七〇年代から八〇年代に典型的であった都市経験のありようを準拠点に、現在の都市経験への変容を、実存と消費の癒着から両者の乖離へ、というかたちで描きだすのである。

かつて都心への憧れは、何者かになりたい、という、実存にかかわる切望と深く結びついていた。魅力的な盛り場を訪れる人びと、とりわけ若者は、それぞれ自分が何者になりたいのか、何者として見られたいのか、等々の、持ち重りのする実存的な問いを抱えて盛り場にやってきた。そうして、自分の生に固有の可能性を、その街でのふるまいのなかで実現しうるという信念を強固にもっていた。そこで働いていたのは、一方では主体性やアイデンティティという実存を刺し貫く垂直的な軸であり、他方では、そうした固有の軸を集合的に連接させつつ差異の体系へと流し込むことで、人びとを消費社会のゲームへと巻き込んでゆく水平的な軸である。他の誰でもありえない実存の問題が、他の誰でも同じものが購入できる消費の問題と、ぴったりと重なりあう。それが、かつての盛り場の経験を支える基本的な構図であった。

その原風景は、かつて見田宗介が、六〇年代末に起きた連続射殺事件について、犯人の一九歳の青年が追い詰められていった社会的機制を説明するなかで描きだした、「まなざしの地獄」に求められる。都市的状況では、自分の価値が、自分の存在の核が、他者のまなざしに依存する。服装や持ち物であれ、肩書きや出身地であれ、ごく表層的な要素でもって、自分がどういう存在であるかが判断されてしまう。そのように外的な手がかりで内面や人物が測定されてしまう以上、主体の側としてはその条件を逆手にとって、外的な手がかりを自覚的に操作することにより、自分の評価そのものを操作してやろうとする。それがつまりは演技というパフォーマンスであり、演技がくり広げられる盛り場は、舞台ないしは劇場となる。

けれどもそこに逆説が生じる。つまりそのとき、他者の視線を欺くために操作をしてやろうとするまさにその主体的意志をつうじて、主体は、都市の思うつぼにはまってしまう。誰もがうらやむモノや衣服や肩書きをそろえて、理想的な自己イメージを実現しようとすればするほど、誰でもないその人ではなく、誰でもありうる凡庸な都会人になり果ててしまう。そうして実存はすり切れ、疲弊してゆく。他者のまなざしにおびえつつ、自意識を剝きだしにしてがむしゃらに自己を主張しようとすればするほど、内面は空虚になってゆく。こうした状況が、見田が生々しく描きだした「まなざしの地獄」としての都市であった（見田　一九七九）。

見田が描きだしたのは六〇年代末の都市的状況だが、この構図はそのまま、より高度に消費社会化した、七〇年代から八〇年代にかけての都市空間の経験にも引き継がれる。記号消費の論理を意識的にとりいれた資本が、街の改変に乗り出し、たとえばパルコが開発した渋谷では、ごく平凡な道路が「公園通り」「スペイン坂」と意味ありげな名前をつけられ、あるいは街灯やゴミ箱やベンチなどストリートファニチュアを整備することで、それらしい舞台として仕立てあげられていった（吉見　一九八七）。

そんな舞台としての街を闊歩する人びとは、記号としてのアイテムをそろえて、なりたい「私」を演出するようになる。たとえば女性がカフェで飲み物を注文するときに、知的な「私」を演じたいのならブラックコーヒーを、かわいい「私」を演じたいのならミルクティーを頼んだりすることがあるだろう。こんな風に、そのときどきの理想的な自己イメージを演出するアイテムとして、個々のモノを消費するのが記号消費だが、舞台としての盛り場では、それぞれの衣服や持ち物が、自分のアイデンティティを表示する記号として働く（ボードリヤール　一九七九）。そのとき、どんなアイテムがどんな記号として作用するのか、その最新のコードを学ぶ教科書となり、街でのふるまい方を学ぶ台本ともなるのが各種の情報誌である。七〇年代から八〇年代にかけては『ａｎ・ａｎ』や『ぴあ』など、情報誌が興隆を迎えた時代でもあった。それらの教科書や台本にしたがい、最新のコードに見合った記号としてのアイテムをそろえ、おしゃれとされる街に出かけて「〇〇な私」を演ずること。それがこの時代の都市経験のひとつの典型だった。

華やかな記号消費がくり広げられる舞台としての都市。それは見かけ上は軽やかできらびやかだが、しかし、そこには同時に切実でときに痛々しい、自意識やアイデンティティが賭けられてもいた。理想的な自己イメージを首尾よく演じられているだろうか。街のコンテクストに見合った最新のコードにきちんとしたがっているだろうか。周囲の人びとに馬鹿にされてはいないだろうか。そんな風に他者の視線をたえず意識し、セルフモニタリングを強迫的に反復するとき、華やかな舞台は、過酷な「まなざしの地獄」へと容易に反転する。それは、見かけの軽やかさとは裏腹に、たえざる緊張を要求する空間であり、遊び心にみちた記号の戯れと、切れば血の出る実存の重みとが、互いに結びあう空間であった。舞台としての都市にあっては、そのようにして実存と消費がぴったりと癒着しあっていた。

実存と消費の乖離

だがモール化する都市空間にあって、そうした重々しい実存の問題はいつの間にか蒸発してゆく。商業施設での消費はくり返されるとしても、もはやそこに切実なアイデンティティが賭けられることはない。実存と消費は、都市経験において乖離しつつあるのだ。そうした両者の乖離には、ひとつには、電子メディアの高度な発達によるネット空間の肥大化が深く関連しているだろう。とりわけモバイル情報端末とＳＮＳ（ソーシャルネットワーキングサービス）との組み合わせは、若者のアイデンティティや自意識が賭けられる主要なフィールドを、都市の現実空間からネットの仮想空間へと移し替えつつある。ブログやミクシィを経て、ツイッターとフェイスブックへと展開してきたＳＮＳは、リアルとネットの両方の人間関係をフラットなかたちで混ぜ合わせ、相互にリンクし、フォロワーや「友達」をひたすら増やしていくなかで、日常の近況をたえず互いに報告しあい、それについてのコメントを交わしあう状況をつくりだしている。

自己呈示と、それにまつわる情報の顕示と隠蔽のゲームがくり広げられる主要なフィールドが、ネット空間に移行しつつある以上、「街」を歩く人びとは、いってみれば気もそぞろで、実身体は「街」を歩いていながら、自分のアイデンティティにかかわる領域は、ポケットやバッグにおさまっているモバイル情報端末のほうにある。実存の重みは仮想空間に置いておき、身も心も軽くなった端的な消費する身体として、モール化した「街」を歩くのだ。そうして訪れた話題のレストランやカフェでは、料理や飲み物が出てくるやいなや情報端末で写真を撮り、SNSにアップロードして他者の反応を待ったりする。そのとき都市空間は、自己呈示が戦わされる舞台から、ネット空間で交わされるゆるいコミュニケーションのための、めぼしいネタが拾われる現場へと、その役割が転換している。都市空間は脱舞台化し、アリバイ化しているのだ（北田 二〇〇二）。

モール化する都市空間では、舞台の緊張感は失われ、消費の現場は脱力した惰性の空間となる。他者の視線などもとくに意識することはない。それぞれがそれぞれの存在を何となく認知しながら、とくに干渉せず、何となくお互いにやり過ごしているのだ。モール空間では、主体性やアイデンティティが問われないぶん、消費は、自意識の問題系が解除されたかたちで、いわば純粋な消費となる。演技のための消費ではなく、消費のための消費となるのだ。そのとき消費者は、自己のたえざるモニタリングへと駆り立てられる意識的主体というあり方を脱して、なかば無意識的な惰性でもって商業空間をうろつく、消費する身体と化する。ぼんやりと脱力し、弛緩しながら、漫然とさまざまな消費装置が提供するモノやサービスを享受する、実存抜きの消費する身体。そんな消費者にとって、快適で便利な消費装置の集合体であるモール化した都市空間は、まさにうってつけの環境だ。

都市空間のリアルはどこに？

モール化する都市空間は、二通りに評価できるだろう。一方では、切実な自意識の問題と結びあう演技や舞台の緊張感が失われ、すっかり腑抜けてしまった、堕落形態とみることができる。他方、余計な意味づけやら実存の重みやらから解放された、消費空間の滑らかで快適な洗練形態とみることもできる。そしてそれを堕落とみるか洗練とみるかで、評価する側が「都市的なるもの」という基準をどこに置いているかが、透けてみえることになる。

前者は、モール化によって失われる何ものかに「都市的なるもの」の原型を認める立場である。かつての魅力的な盛り場こそが、都市の都市らしさを感じさせる「本物」なのであって、モール的に仕立てられた空間などは「偽物」であり、フェイクであり、模造品にすぎない、という見方だ。対して後者は、増殖しつつあるモール空間のほうに、あらたな「都市的なるもの」のあらわれを認める立場である。そうした立場からすれば、かつての魅力的な盛り場などに「本物」を求めるのは、古き良きものを称揚するノスタルジーにすぎず、一見するとフェイクであり模造品であるモール空間にこそ、現在的な都市空間のリアルがある、ということになるだろう（近森・工藤編　二〇一三）。

後者の可能性をもう少し押しすすめてみよう。考えてみれば当たり前のことだが、幼少時からモール空間を自明の生活環境として過ごしてきた若い世代の人びとにとっては、それらモール化した空間にこそ、切実なリアルが感じられるだろう。薄っぺらいというのは外側からの見方にすぎず、内側からみればモール空間もまた、それなりに厚みのある場所として経験できる。たとえばフードコートでの友人との、だらだらとしたおしゃべり。恋人との初デートで座ったアトリウムのベンチ。家族そろってシネマコンプレックスに出かけたときにいつも買う、定番のLサイズのポップコーン。これらモールでの何ということのない経験も、十分に自分の思い出を語るときの核になりうるだろう。非 - 場所としてくくられる特徴を欠いた空間も、かかわり方次第で、アイデンティティ付与的・関係的・歴史的な、固有の場所となりうるのだ。ここには経験の厚みを自由に設定できる、モール空間ならではのリアルのあり方がある。つまり、特徴を欠いたモール空間を、実存の水準を宙吊りにしたまま端的な消費者として脱力して楽しむこともできるし、そこに実存の水準を持ち込んで、自分のアイデンティティにかかわる固有の場所として経験することもできるのだ。大小のモール空間をつぎつぎと通過し、あるいは滞留しながら、薄っぺらさと厚さの両端を自在に往復する――そんな経験の振幅のなかに、現在的な都市空間のリアルがあるのだといえるかもしれない。

いずれにしても、都市空間のモール化はいまだ進行中の事態である。都市空間のリアルの所在を、あれかこれかというかたちで一義的に決めてしまうのではなく、その揺らぎの相にこそ照準をあわせながら、私たちの日常的な生と結びあう都市文化の現在をとらえていく必要があるだろう。

＊　　＊　　＊

本章では、かつての盛り場と現在のモール空間の経験を対比させながら、都市文化の語りが前提とする「都市的なるもの」という基準の変容について検討してきた。ここでは限定された論点をめぐる、ごく簡潔な見取り図を示してきたのだが、モール化する都市空間の特性と、そこでの経験様式をより反省的にとらえるには、「モール以前的なもの」である盛り場と同時に、いわば「モール以外的なもの」というべき、モールの外部に排除された都市空間と、そこでの文化的営みにも着目する必要があるだろう（篠原 二〇一二）。そしてまた「モール的なもの」「モール以前的なもの」「モール以外的なもの」とあわせて、さらに「モール以後的なもの」を構想することをつうじて、モール化を軸とする都市文化の現在を多重的にとらえていかなければならない。本章での議論は、そんな試みの端緒を示したものとして位置づけられる。

引用・参照文献

東浩紀・北田暁大 二〇〇七『東京から考える――格差・郊外・ナショナリズム』日本放送出版協会。
M・オジェ 二〇〇二『同時代世界の人類学』森山工訳、藤原書店。
北田暁大 二〇〇二『広告都市・東京――その誕生と死』廣済堂出版。
篠原雅武 二〇一二『全―生活論――転形期の公共空間』以文社。
近森高明・工藤保則編 二〇一三『無印都市の社会学――どこにでもある日常空間をフィールドワークする』法律文化社。
速水健朗 二〇一二『都市と消費とディズニーの夢――ショッピングモーライゼーションの時代』角川書店。
J・ボードリヤール 一九七九『消費社会の神話と構造』今村仁司・塚原史訳、紀伊國屋書店。
見田宗介 一九七九「まなざしの地獄」『現代社会の社会意識』弘文堂（初出は『展望』一九七三年五月号）。

吉見俊哉　一九八七『都市のドラマトゥルギー――東京・盛り場の社会史』弘文堂。
若林幹夫　二〇〇五「余白化する都市空間――お台場、あるいは「力なさ」の勝利」吉見俊哉・若林幹夫編『東京スタディーズ』紀伊國屋書店。
若林幹夫編　二〇一三『モール化する都市と社会――巨大商業施設論』NTT出版。

おすすめ文献

東浩紀・北田暁大　二〇〇七『東京から考える――格差・郊外・ナショナリズム』日本放送出版協会。
北田暁大　二〇〇二『広告都市・東京――その誕生と死』廣済堂出版。
近森高明・工藤保則編　二〇一三『無印都市の社会学――どこにでもある日常空間をフィールドワークする』法律文化社。
速水健朗　二〇一二『都市と消費とディズニーの夢――ショッピングモーライゼーションの時代』角川書店。
吉見俊哉　一九八七『都市のドラマトゥルギー――東京・盛り場の社会史』弘文堂。（→二〇〇八年、河出文庫）
若林幹夫編　二〇一三『モール化する都市と社会――巨大商業施設論』NTT出版。

2 消費文化としての現代文化

加藤裕治

一九七〇年、『ａｎ・ａｎ』創刊が意味するもの

現在、私たちにとって消費することは、あまりにも自明な行為である。自分の生活する範囲を見回しても、コンビニエンスストアやショッピングモールが至るところにあり、私たちはそこでモノを購入したりサービスを受けたりすることを、ごく日常的に行っている。こうした消費文化はとても身近なものだ。だからこそ消費文化を考えることは難しい。身近すぎてその文化の特殊性が見えにくいのである。

そのため、まず最初に、こうした私たちを取り巻く消費文化を、現在の私たちから少し距離を置いた地点から見返そうと思う。そうすることで、現在の消費文化の特徴を浮かび上がらせたい。ここで取り上げたいのは、一九七〇年に創刊された『ａｎ・ａｎ（アンアン）』という女性誌である。この雑誌は女

『an・an』創刊号。写真提供　マガジンハウス。

性誌を劇的に変えたといわれている。では、それはどのようなものだったのか。このことを知るのに、『an・an』を立ち上げたスタッフの一人である赤木洋一の回想は、とても興味深い事例を提供してくれる（赤木　二〇〇七）。

　彼によれば『an・an』を創刊する際、ある女性誌の編集者から服の「型紙（服を作成する際、布を裁断する形にあわせた紙型のこと）」が提供できるのか、と指摘されたという。この時代、女性誌で洋服の紹介をするときは、海外のデザイナーや有名デザイナーによる「作品」をお手本として、付録の型紙から読者自身が自分で服を仕立てることが想定されていたのだ。つまり服は主に自らが生活のなかで作りあげるものであり、購入することはかなり特別なことだったのである。例えば、通信販売で有名な『通販生活』を創刊した斎藤駿は、六〇年代まで、〝洋裁店〟（洋品店ではないのに注意）で仕立てた大事な一着のことを、一張羅《いっちょうら》と呼んでいたと回想する（斎藤　二〇〇四）。この事例は、服を購入することや外注することが、いかに特別なことであったかを示している。

　しかし『an・an』は、こうした自宅で服を作成する型紙の発想を捨てて、まったく新しい考えを女性誌に吹き込むことになった。それは人びとに憧れのファッションスタイルを提示することであった。パリやニューヨークといった海外のファッションの流行や商品を特集して、最新の情報や憧れのイメージを人びとに伝えていく役割を雑誌にもたせたのだ。

現在の私たちからみれば、これは女性誌のあり方として当たり前のものだ。いや女性誌に限らずおしなべて雑誌やフリーペーパーというものは、流行や話題になっている商品の商品情報や店舗情報を掲載するメディアであるとみなされている。しかし、こうした雑誌のあり方はこの時代以降、興隆していったのである。興味深いのは、『ａｎ・ａｎ』創刊時、編集部にはファッションの紹介はするが、商品情報（メーカー名、店名、価格など）を掲載するという考えがなかったというのである。商品情報や店舗情報――今は雑誌の主たる情報であるもの――は、読者からの依頼があって掲載をはじめたらしい。この事例は、編集部にはファッションの「紹介」という意識はあっても、それを「商品」として扱うような情報提供の意識がなかったことを示している。つまり、雑誌が「商品の消費促進」のメディアである、という考え自体が希薄だったのだ。

こうした『ａｎ・ａｎ』の例は、一九七〇年ごろを境に、消費ということに関する人びとの意識が変化していったことを示す象徴的なものだろう。ではこの消費意識の変化を、私たちはどのように考えればよいのか。

「夢の消費革命」の出現

ロザリンド・Ｈ・ウィリアムズは、一九世紀半ばからの大衆消費社会の出現を「夢の消費革命」と呼んでいる。ウィリアムズはフランス近代社会をベースに議論をしているが、そこで指摘された概念は、私たちの現在の消費文化を考える上で示唆に富むものである。

ウィリアムズは、一九世紀半ば以前まで、多くの人びとにとって「入手可能な消費財」はごくわずかであり、消費（だけ）することは（王や貴族、あるいはブルジョワジーなど）限られた人びとの特権であったと指摘している。つまり、買い物とはせいぜい市（フェア）の日に限られるようなきわめて特殊な行為であったという。当時の「消費」とは生活の維持のためにモノを使うということであり、必要なものについては自家生産でまかなうというように、生産活動と消費活動が密接に絡み合っていたのだ（ウィリアムズ　一九九六）。例えばM・ハリスンによれば、一九世紀イギリスにおいて、ストア・ソースとは「店（ストア）」で買うソースという意味となるのだが、これはもともと、家庭内で手作りし「保存（ストア）」用の戸棚に入れておくソースのことを指していたという（ハリスン　一九九三）。ストア・ソースといった言葉の語源に、自家生産が自明であったことが刻まれている。

こうした例からもわかるように、人びとは生活を成り立たせるための活動を、ほぼ自足的に営んでいくことを自明視していた。日々の生活のなかで生きていくために生産と消費が一体となって営まれていることは、特殊な階級を除けば、当たり前のことであったのだ。

しかし、ここでウィリアムズが「夢の消費革命」と呼んだのは、生産活動と消費活動が分離されていく事態が、近代になって到来したということである。それは、生活のなかで一体であった生産と消費が切り離され、多くの人がもっぱら消費に専念するだけでも生活できるようになっていったことを意味する。

こうした消費のあり方が可能になる条件として、産業の近代化が背景にあることは間違いない。産業の近代化の進展は、さまざまな商品を産み出し、かつ大量生産を可能にし、大量消費を支えていく。こうして人びとは生活に必要なものを自ら作りだす（＝生産する）のではなく、購入ですますことができるようになる。さらに産業の近代化は、単に生活のための必需品を生産するだけにとどまらない。必需品をはるかに凌駕する、いわゆる贅沢品を含む各種の商品やサービスを産み出し、それを人びとに消費させていくことになったのである。こうした変化を概念的にいえば、生産と消費の一体性、つまり人間が肉体的＝生物学的存在として生存していくために必要なものを繰り返し産み出し消費するという再生産のあり方から、単に生存のために必要ということにとどまらないものを産み出す生産と消費の関係へと移行したということになるだろう（なお、詳細についてはハンナ・アレント（一九九四）を参照してほしい）。

つまり、ここで（働くことのあり方とともに）消費はその意味を変化させたのである。生活を維持するために必要なものだけを消費することに代わり、生活上の必要性や必需性と切り離された消費があらわれたのである。しかもこの新しい消費という行為は、特殊な階級だけでなく、誰もが享受できるものとなっていった。これが「夢の消費革命」であり、大衆消費社会が出現したということなのである。

生活の維持のための消費から、生活に意味を与えていく消費へ

こうした大衆消費社会を具体化した場所が百貨店（デパート）であった。一八六九年には、ブシコーによる近代的百貨店としてのボン・マルシェがフランスに登場し、また日本でも一九〇四年に「三井呉服店」が「三越」と名を変え、百貨店としての道を歩みはじめる。こうした百貨店は、単なる必需品だ

けでなく、華やかな奢侈品を並べる消費空間としてあらわれた。さらに、こうした消費空間は、陳列された商品を購入するだけの場所ではない。「だれもが入店可能で」「ちょっと見るだけ」（R・ボウルビー）というように、誰もが（お金がなくとも）ウィンドウショッピングのかたちで商品世界を楽しめるようになった。実際の商品購入とは関係なく、商品を見て楽しむという娯楽が大衆に産まれたのである。

さらに、こうした消費空間の出現は、「商品を通して生活のヴィジョンを提供する」という生活の変化をもたらすことにもなった。例えば「食卓にこの食器があれば（＝購入すれば）、こんな素敵なライフスタイルが手に入る」といった、広告の常套句が示すような世界が開かれたということである。これは消費生活がイメージとして、（自分の生活の）外部から示されるものになっていったことを示している。近代の消費は単に「生活の維持のため」のものだけではなく、「生活に意味を与えていくもの」になったのだ。

こう考えれば、先の『ａｎ・ａｎ』が消費文化に与えた意味が明らかになるだろう。『ａｎ・ａｎ』は、「型紙」から服を作り着るという、作ると着るが一体となった服飾の世界とは異なり、人びとがファッションを純粋な消費活動として楽しめるあり方を提示したのだ。

『ａｎ・ａｎ』がファッションスタイルを提示し、人びとがそれに憧れをもち消費する。それは消費が「生活の維持のため」ではなく、「生活に意味を与えていく」ものと理解されはじめたということだろう。消費によって生活が便利になるという実利的な目的だけでなく、消費することによってライフスタイルの変化が手に入れられるのではないか、という社会意識が生まれてきたのである。こうした消費のモードの出現は、マスメディアによる情報の提供――この商品を買うとこんな素敵な生活ができる――が、消費文化にとって大きな意味を占めることにもつながっていく。消費のあり方とメディア産業はこうして緊密に結びつくのだ。確かに、日本社会の一九七〇年頃に、なぜ『ａｎ・ａｎ』のような雑誌や、それを支える現象が生じたのかは、本来、経済的要因も含め検討が必要であることは間違いない。しかしここでいえるのは、『ａｎ・ａｎ』の例は、「夢の消費革命」が日本社会において現実化していくプロセスの中の象徴的な出来事であったということである。

この後に続く一九八〇年代を中心に興隆した消費社会（論）――いわゆる記号価値の消費――も、消費することによって生活の意味を変えていけるのでは、という消費へのリアリティの上で成立していたのだといえよう。この時代に広告が、単なる商品の宣伝をする産業にとどまらず、「イメージ産業」として注目されていったのも、これまでに説明してきたような消費文化のあり方から理解できる。

生産と消費の切り離しがもたらすもの

ここまで、生活上の必要性を超えた消費のあり方を産み出し、消費を通じて生活に意味を持たせていく消費文化のあり方を見てきた。一方で、消費のみで生活を享受することが当たり前になっていくなかで、私たちの生活文化はどのようなものに変化したのだろうか。いわば生活文化がすっかり消費文化に覆われてしまう状態は、私たちの生活をどのように変化させたのか。この点を考えるため、次に「食」を取り上げてみよう。「食」とは日常の生活で必需のものだが、これが消費文化に覆われていくとき何が起こったのか。

食の領域をみると、現在の生活にとって当たり前の光景が、『ａｎ・ａｎ』が創刊されたのと同じ一九七〇年ごろにあらわれていることに気づく。一九六八年には大塚食品がレトルト食品である「ボンカレー」を発売。また一九七〇年には東京・府中市にファミリーレストラン「スカイラーク」が誕生（ちなみに一号店の表記はカタカナであった）。一九七一年にはマクドナルド、ミスタードーナツの一号店がオープンし、さらに日清食品からは「カップヌードル」が発売されている。また一九七四年には永谷園からインスタントみそ汁の「あさげ」が発売され、セブン－イレブンの第一号店が開店している。

この時期の商品や外食サービスの出現は、「食」に関する生産と消費の活動が変化したことの指標といえよう。先にあげたインスタント食品は、料理を作るという営みを軽減＝省略化していく。つまり、これらは原材料から食事を作り、食べるという再生産の活動を簡略化していく商品に他ならない。またファミレスやファストフード系のチェーン店の成立は、端的に、食を家の外部ですませられる場所が増加したことを意味する。それは「食事をすること」が「食事を作ること」とは切り離され、気軽に消費できるものになっていったことを示している。

そして、こうした生産活動と消費活動の分離が顕著になっていくことは、単に生産のプロセスを省略化していく消費文化があらわれたというにはとどまらない。この消費文化による作ること（＝生産）の外部化は、日常生活のスタイルにも大きな変化をもたらしたのである。

このことを考えるのに、例えば外食チェーン店の成り立ちは興味深い。居酒屋のチェーン店は、一九五〇年代に「養老乃瀧」が出現し、かなり早い段階から存在していた。しかし、これは明らかに顧客として仕事帰りのサラリーマンを想定していたものだったのである。その後――坪内祐三が回想しているが——こうした居酒屋チェーンは、一九七〇年代あたりから、カラフルなチューハイを出すようになり、次第に学生向けの店になっていったという（坪内・福田　二〇〇九）。また今柊二はファミレスが当初——スカイラーク一号店の例として——「コーヒーショップ」と名づけられていたことを指摘している。この名称はアメリカのロードサイド店をイメージしたものであり、サラリーマン向けを前提とした出店であることを色濃く残したものだった。しかし、次第に家族連れの来店が増加することにファミレス業界が気づきはじめる。そのため名称を一九七三年ごろに「ファミリー型コーヒーショップ」と変えたというのだ。当時の「ニューファミリーブーム」とも重なり、ファミリーレストランをはじめとした食の産業は、サラリーマンだけでなく家庭にとっても外食を当たり前のものとして定着させることに寄与していく（今　二〇一三）。

こうした経緯は、外食業界による外食をする対象の想定が、仕事中／仕事帰りのサラリーマンであったことを示している。つまり、外食することは、サラリーマンを除けば、生活のなかでかなり特殊なものであることが、業界の前提でもあったのだ。しかし、サラリーマン向けの店に次第に学生や家族が来訪するようになり、業界は学生や家族を重要な顧客とみなしていく。この時代を境に、外食が誰にとっても当たり前にできること／当たり前のものだというように、人びとの意識や行動が変化したのである。

さらに、こうしたインスタント食品や外食（＝消費の外部化）は、個々の人びとの日常生活のあり方をさまざまに変化させていく。そのなかでも大きな変化のひとつは、「食べること」が個人の自由で決められるものになったことだろう。個人が自由なスケジューリングのなかで、自分の食べたいものを自由に選択できるようになっていく。これは、家族であれば、例えば一緒に食事をする必要がなくなり、皆が同じものを食べなくてもよいとする食事のスタイルを可能にする。岩村暢子の調査では、正月であっても、家族が個人ごとに自分の好みにもとづいてバラバラな食事をしている例が紹介されている（岩村二〇〇七）。またコンビニエンスストアのここまでの興隆というのも、二四時間、好きなときに食事をしたり買い物したりできるスタイル（＝消費文化）を、まさに人びとが日常化＝生活文化として受け入れていった結果だといえるだろう。

消費文化による生活文化の変容

このように日常の生活文化のなかに消費文化が入り込み、生活文化を変容させていく。この流れのなかで、コンビニエンスストアだけでなく、例えば一九九〇年代の規制緩和により、巨大ショッピングモールや大型家電量販店などが続々と誕生し、人びとの生活文化の一部として組み込まれていく。

またそうした施設は、一見、可能な限り個人の選択（＝趣味）を優先させる商業空間となっている。例えば従来の百貨店は、百貨店名というブランド＝イメージこそが、それを利用する個人のスタイルを規定する消費空間であった（「贈答品なら高島屋」といったように。この点は長野（二〇一二）参照）。それに対しショッピングモールは、基本的にさまざまなブランドの店（専門店）が並び、各個人の選択（＝趣味）に合わせて店が選べるようになっている空間である。ショッピングモール自体には、ブランド的なイメージがほとんど消失している。むしろ個人が自由に歩きまわり、自分の好みの店を選べる、という自己による店舗＝ブランド選択が重視される空間になっている。現在のショッピングモールは、個人が自由に歩きまわることをサポートする空間としてつくられているのだ。つまり、商品の選択が効率的に可能で、しかも消費そのものに集中できるような、快適さや安全さといった機能面が重視されているのである（モールについては若林編（二〇一三）参照のこと）。

また一見ショッピングモールとは異なる消費空間にみえる家電量販店のような店舗でも、商品がスーパーのように並べられ、ほぼセルフ＝個人の好み・嗜好によって、製品を選べる場になっている。本来数十万円もする機器が、スーパーのような売場で販売され購入できるようになっているのは、店舗コストの問題だけでなく、自分の好きなように製品を選びたい消費者の志向の反映でもあるだろう。例えば、こうした店では店員に話しかけられることがイヤだという人も多いのだが、それは個人の選択や好みの追求を邪魔されたくないとする心理からくるものであろう。

さらにいえば、インターネットのショッピング、つまりアマゾンや楽天などのECサイトは、もはや二四時間、自宅でも職場でも学校でも、どのような生活空間の中においても、自分のペースで消費することを可能にする。こうしたECサイトは、商品の購入を便利にしたものとして認識されている。しかし、こうしたECサイトでの消費は、究極の生産活動の外部化＝省略化を導くものといえる。そこではもはや、消費者が何かを買うために店舗に出向くという行為さえ必要ない。クリックのみで商品が届いてしまうからだ。

また単にモノの購入に関わることだけでなく、個人が本来、自分に関わるものとして行動すべき領域が商品化＝サービス化の対象とされ、消費可能なものになっていく。例えば、各種の代行サービスはその典型である。「代行サービス」といったワードでインターネット検索をしてみるとよい。さまざまなサービスが出てくる。家事の代行をはじめ、同窓会の幹事代行、墓参り代行、さらにはオシャレな女の子が服を選んで買ってきてくれるサービス（？）といったものや、はては告白代行サービス、そして論文執筆代行サービス（！）まで、ありとあらゆるものがサービス商品として消費可能になっている。

このように現在、個人が本来、自分自身で実施するべきとされてきた行為や領域が、消費の対象として拡大され続けている。こうした事態は、私たちが「消費者であるだけの身体」として生活していくことが可能な社会になっていることを意味するだろう。社会学者の森真一は、消費社会の進展により、消費者でありさえすれば「パワーと権威」をもってしまう現代社会のあり方を「お客様」社会とし、ある意味では病理的ともいえるものと指摘する（森 二〇一〇）。こうした森の言葉を借りれば、私たちは自分が「お客様の身体」として振る舞える領域を、際限なく拡張させていく消費文化のなかにいるといえよう。それは、ほとんど消費行動だけで生活することが可能になったということだ。こうした「お客様（としてだけで生活できる）身体」は、現代にあらわれたかなり特殊なものといえるだろう。

こうした現在の状況を、消費文化と呼ぶかどうかは議論があるかもしれない。しかし、文化が習慣や生活様式のあり方であるのなら、こうした「お客様の身体」としてのあり方が拡張していることも、消費文化のひとつと指摘することができる。そしてそれは文化である限り、現在の私たちを拘束しているものでもあるのだ。

「夢」の可能性を再考すること

本章では、一九世紀にあらわれた「夢の消費革命」に関するウィリアムズの概念を手がかりに、日本の一九七〇年代における「夢の消費革命」的な消費文化の出現から、八〇年代の消費社会（論）の位置づけを概括したあと、現在の消費文化の現状――「お客様の身体」というあり方――までを論じてきた。これは、近代においてあらわれた「夢の消費革命」が、どのような帰結へと至ったのか、ということを示すものでもある。

そもそも「夢の消費革命」の「革命」とは、人間が生存のために必要なものを繰り返し生み出し消費する再生産の状態から、単に生存のためだけではない楽しみを兼ねそなえた消費活動のあり方を切り開いたことであった。しかし、こうした状況は次第に、際限のない商品化とサービス化で人びとを取り囲み、森が指摘した「お客様」社会のような消費文化を生み出すことになってしまった。こうした現在の消費文化は、「夢」というよりは、そこからは逃れられない、たったひとつしかない現実であるかのような感覚を私たちに与えている。

そのためこうした現在の消費文化は、（私たちがつくりだしている社会的なものであるにもかかわらず）あたかも私たちには変えることができないかのような世界としてあらわれてしまう。ここでは、こうした消費文化が特殊な文化のあり方かもしれない、という疑問をもつことさえ難しい。

では、こうしたなかで、私たちは消費文化をどう考えていけばよいのか。それは「夢の消費革命」が孕んでいた「夢」としての可能性を再考することだろう。これは、安易に消費文化を否定するのではなく、「お客様」社会といった自己閉塞的な消費文化とは異なる消費文化がありうるのかを考察することである。これはあまりにも壮大な試みのように思えるかもしれない。しかし、現在の消費文化のなかにも、実はさまざまな生産と消費の関係があり、さまざまな消費のスタイルがある。したがって現在の消費文化の具体的で個別的なあり方を丁寧に探究することで、消費文化の別の可能性がみいだせるかもしれない。

繰り返すが、私たちは現在の消費文化を自明の現実とみなしてしまうため、それがかなり特殊な文化であることに気づきにくい。だから本章では、こうした状況に対し距離をおくためにも歴史的な流れもふまえながら、現在の消費文化を論じてきた。こうした本章の立場をとおして、消費文化を理解すると同時に、私たちを取り囲んで逃さない（それゆえに少し息苦しい）消費文化のなかで、私たちがどう振る舞うべきかということへの、ヒントをみつけてもらえばよいと思う。

引用・参照文献

赤木洋一　二〇〇七『「アンアン」1970』平凡社新書。
H・アレント　一九九四『人間の条件』志水速雄訳、ちくま学芸文庫。
岩村暢子　二〇〇七『普通の家族がいちばん怖い――徹底調査！破滅する日本の食卓』新潮社。
R・H・ウィリアムズ　一九九六『夢の消費革命――パリ万博と大衆消費の興隆』吉田典子・田村真理訳、工作舎。
今柊二　二〇一三『ファミリーレストラン――「外食」の近現代史』光文社新書。
斎藤駿　二〇〇四『なぜ通販で買うのですか』集英社新書。
坪内祐三・福田和也　二〇〇九『無礼講――酒気帯び時評55選』扶桑社。
長野まゆみ　二〇一二『あのころのデパート』新潮社。
M・ハリスン　一九九三『台所の文化史』小林祐子訳、法政大学出版局。

森真一　二〇一〇『「お客様」がやかましい』ちくまプリマー新書。
若林幹夫編　二〇一三『モール化する都市と社会――巨大商業施設論』ＮＴＴ出版。

おすすめ文献

遠藤知巳編　二〇一〇『フラット・カルチャー――現代日本の社会学』せりか書房。
國分功一郎　二〇一一『暇と退屈の倫理学』朝日出版社。
Ａ・ブライマン　二〇〇八『ディズニー化する社会――文化・消費・労働とグローバリゼーション』能登路雅子監訳、森岡洋二訳、明石書店。
Ｒ・ボウルビー　一九八九『ちょっと見るだけ――世紀末消費文化と文学テクスト』高山宏訳、ありな書房。
Ｊ・ボードリヤール　一九七九『消費社会の神話と構造』今村仁司・塚原史訳、紀伊國屋書店。

3 情報文化としての現代文化

岡田朋之

「情報社会」としての現代社会とメディア

現代社会を表現することばとしてもっともよく用いられるもののひとつに、「情報化社会」がある。社会のさまざまな局面にＩＴ（Information Technology＝情報技術）あるいはＩＣＴ（Information and Communication Technology＝情報通信技術）が浸透し、日常生活におけるコミュニケーションがさまざまなメディアとネットワークによる情報の媒介・伝達によって成立していることは、今さらいうまでもない。したがって現代の文化もまた、これらの情報テクノロジーに媒介された「情報文化」としての性格を強く帯びているといえよう。このことは、現代の文化に関する研究が情報テクノロジー、およびそれに支えられているメディアの問題を避けて通ることができないということと同時に、文化論もまた、メディアや情報テクノロジーの発展と密接に結びついてきたということをも意味している。

そこでこの章では、こうした情報文化としての現代の文化をめぐって、まず二〇世紀初頭のメディアの確立とその後の成熟の中で文化研究がどのように展開してきたのかをたどる。そこでいうメディアとは、もともとはマスメディアとほぼ同義といってもよかった。しかし後の二〇世紀末までの過程で、メディア論、あるいはメディア文化論が研究領域として成立していく中では、コミュニケーションのなかだちとなるもの全般をメディアととらえる方向へと拡張していく。そしてさらに世紀末をまたいで二一世紀の今日に至るまでのあいだに、メディアのデジタル化、およびインターネットやモバイルメディアの爆発的な普及が進んでいく過程で、メディアやコミュニケーションの大きな変容が生じている。二〇世紀の終わり頃から進行したこの変化の過程で、情報化と文化の問題をとらえる上では、メディアという存在を中核に位置づける視点を超えたアプローチが求められているのではないかと筆者は考えている。このことについて最後に触れながら、今後の情報文化のとらえ方について提示を試みようと思う。

メディア文化論のはじまり

インターネットや携帯電話が普及するよりも以前、二〇世紀末の日常生活をとりまいていた電話、テレビ、ラジオ、映画といったメディアは、その原型のほとんどが一九世紀末から二〇世紀の初頭にかけて登場したものである。これらのメディアが日常生活の中で実用化されつつあるのとちょうど同じころ、新しいメディア環境の中での芸術をあつかった議論があらわれた。

とりわけ代表的なものは、イタリア未来派の中心人物フィリッポ・T・マリネッティによる「未来派宣言」（一九一三年）であろう。また、新しい芸術分野としての映画の可能性を探ることを通じて文化論を掘り下げていこうとする試みも、劇作家のベラ・バラージュや映画監督のセルゲイ・エイゼンシュテインなどをはじめとする人びとによっておこなわれるようになった（バラージュ　一九八六、エイゼンシュテイン　一九五三など）。ただ、これらの議論は新しいテクノロジーによる芸術表現の可能性の拡大を強調するものであったが、ともすれば無批判なテクノロジー礼賛におちいる危険をはらんでいた。

そうした時代状況にあって、批判理論と呼ばれる社会理論をとなえたドイツのフランクフルト学派から、のちに多大な影響を与えた二人の論者が登場した。ヴァルター・ベンヤミンとテオドール・アドルノである。いずれもマルクス主義的文化理論の強い影響のもとに、それぞれの議論を展開するが、文化とメディアに関する考察においては対照的なスタンスをとっていた。

ベンヤミンの著作「複製技術時代における芸術作品」（一九三六）では、芸術作品の価値は「いま」「ここ」にしかないかけがえのなさに由来する「アウラ（aura）」によって支えられていたが、写真術や映画といったメディア・テクノロジーが芸術の世界に入り込むことによって、反復や複製、さらには創作行為が容易になり、「アウラ」の根拠が失われるという。このことから芸術は伝統や権威による拘束から解放され、大衆に開かれたものとなるというのである。それは同時に、新聞、映画、レコードといった新しいメディアが、大衆に芸術に参加する機会を開くことによって、誰もが表現者になりうるということをも意味した。

このように新しいメディアのもたらすポジティヴな側面を取り上げたベンヤミンに対して、アドルノは新しいメディアの中での文化を厳しく批判する。作曲家アルバン・ベルクの弟子でもあったアドルノは、ポピュラー音楽や、その流布する媒体であるラジオの研究を通じて、ラジオ等で流れるジャズなどのポピュラー音楽には紋切り型の構造が多用され、人びとの間には主体的に音楽に耳を傾けるのではなく、受動的・無批判に聞き流すような知覚・行動様式をもたらすとした。さらに、ラジオから音楽にふれるという行為は、コンサートホールの場合と異なり、個別聴取により聴衆を孤立化させるという（アドルノ〔渡辺裕編〕 二〇〇二）。

アドルノの場合は当時のナチズムやファシズムに対する危機感が問題意識の根底にあったので、右の議論を共同研究者のマックス・ホルクハイマーとともに「文化産業」論へとさらに発展させた。その中では、メディアの担い手である文化産業が大衆を孤立させ、断片化した個々人の意識を扇動する状況に警鐘を鳴らし、独占資本による文化産業を通した画一的支配の危険性を説いたのである（ホルクハイマー／アドルノ 二〇〇七）。

ベンヤミンとアドルノの議論は、今日に至るまでメディアと文化にまつわる問題を考える上での重要な出発点でありながらも、その限界性が指摘されてきた。たとえばベンヤミンのいう「アウラ」の崩壊について、美術批評家のジョン・バージャーは、オリジナルの芸術作品が複製され、「いま」「ここ」にしかないという至上の性格は失われるものの、逆に複製の元になった原画は「オリジナルの原画」としての希少価値を得て、それまでとは異なったアウラをもつようになるという（バージャー 一九八六）。また、メディアを手にすることで誰もが表現者となりうるという議論に対しては、大衆が「表現者たりうる」のはあくまでも可能性にすぎない、という批判もなされる。

他方、アドルノに対してもフランクフルト学派における批判理論の継承者、ユルゲン・ハーバーマスによるものをはじめ、さまざまな批判がなされてきた。たとえば、アドルノの議論はマスメディアの批判的機能（ジャーナリズム性）、あるいはメディア内部の利害関係を見落としている、といった指摘や、文化産業としてのメディアが成立していく過程が考察されていない、というものである（干川 一九九六）。さらには、受け手がメディアを受容する際の多様な可能性を軽視しているという指摘もされる。たとえばアドルノが理想とするような、音楽に対して主体的に対峙する「構造的聴取」と呼ばれる行為は、近代の特定の時期から成立した習慣にすぎず（渡辺 二〇一二）、普遍的な価値をおくことはできないというものである。

とはいえ、ベンヤミンとアドルノの議論には、情報メディアによる解放と支配という、それぞれ古典的でありながらも現代においてそのまま通用する問題が内在しており、その重要性は今でも失われてはいない。

疑似環境としてのメディア環境

メディアが経済的な基盤の形成とあわせて制度的にも確立され、日常のなかで拡がりを見せることにより、私たちの接する知識や感覚は、現実の物理的環境から直接受け取るものに比較して、メディアに媒介されたものの割合が大幅に増大する。それはいわば、メディアによる社会的リアリティの変容といえるが、このことに注目し、マスメディアのあるべき姿について考察したのが米国のジャーナリスト、ウォルター・リップマンである。

リップマンは『世論』（リップマン　一九八七）で、マスメディアなどによって私たちの周囲の「現実環境」のなかに「疑似環境」が形成されることを指摘した。彼は、メディアが疑似環境の中で「ステレオタイプ」（ものごとの理解の助けとなる固定観念、紋切り型など）を必要としているとする。一般的には否定的にとらえられがちなステレオタイプであるが、彼はジャーナリズムの担うべき機能を「よりよい」ステレオタイプを供給することであるとし、そのためにジャーナリズムの健全さが要求されるのだという。

その後、マスメディアがさらなる発展を遂げるなかで、同じく米国の歴史学者・文明批評家であるダニエル・J・ブーアスティンは、メディア自身が伝達するための内容を生み出すべく、イベントを送り出すようになっているとし、マスメディアがつくるそうした「合成的な事実」を「疑似イベント」と呼んだ（ブーアスティン　一九六四）。

ジャーナリズムの語源「journal」は「日々の記録」という意味に由来するように、日々の出来事を手紙として書きつづるニューズレターがジャーナリズムとしての新聞のはじまりである。やがてそれらがマスメディアとして発展し制度化されるとともに、紙面のスペースを埋めるためには伝えるためのニュースをつねに生み出し続ける必要が生じる。そうなることで逆に、報道されるために何かのイベントを仕掛けるということも派生してくる。実際、各地でおこなわれる村おこしや街おこしのイベントは、今日ではそうした疑似イベントとしての性格を強めており、そこではイベントがあるから報道されるのではなく、報道されるためにイベントがつくられている。

ブーアスティンは、こうした転倒の例としてつぎのようなものをあげる。たとえばメディアの中では、人はその行為が英雄的であることによって有名になるのではなく、メディアの露出度が高く、有名であるために崇め奉られる。実際、歌手や俳優がスターとして崇拝されるためには、容姿の美しさや芸の巧みさが要求されたが、今日のタレントはメディアに登場する頻度によって「有名性」が保証されているといえなくもない。

もうひとつの例は旅行である。かつて、交通機関の発達する以前、旅行とは相当の危険を冒して見知らぬ土地を体験することだった。しかし今日の旅行のほとんどは、ガイドブックやテレビなどのメディアを通じてあらかじめ知っている土地の、名所や風物を実際に訪れて再確認するという「観光」へと変質を余儀なくされている。

ただし、こうした「疑似イベント」という概念の背景には、メディアによる「虚偽の」ものとは別に「真正の」何かが存在するという考え方が前提にあることは否定できない。それゆえ、ブーアスティンのような、メディアによる新たな環境に否定的な観点を批判する立場も少なくない。たとえばダヤーンとカッツは、メディアによって媒介されるイベントである「メディア・イベント」が、人びとの集合的記憶や共同体意識の形成に大きな役割を果たすと主張する（ダヤーン／カッツ　一九九六）。

吉見俊哉は、このメディア・イベントについて三つの概念にまとめている。第一に、スポーツイベントや展覧会などメディア資本によって主催されるイベント。第二に、オリンピックや王室の冠婚葬祭など、メディアによって大規模に中継・報道されるイベント。そして第三に、メディアによってイベント的に報道された社会的事件、たとえばケネディ大統領暗殺（一九六三）や浅間山荘事件（一九七二）といったものである。吉見によれば、この三つの意味の層は互いに排他的ではなく、むしろ一定の包含関係を想定できるという。その中でも今日的に重要なのは、ダヤーンらの議論で指摘されたように、特定の時空間に区切られるような非日常的大型イベントとして考えられていたメディア・イベントが、規模の小さいメディアと結びつくのと同時に、日常化し、話題を絶えず創出していく機能を担っていくということである。メディアからの情報が消費の対象となる現代社会では、絶えず話題を供給し続けることがメディアに要求される。センセーショナリズムを求める現代のマスメディアのあり方は、こうした背景のもとに立ち現れているととらえることもできるだろう。

情報文明論としてのメディア論

ベンヤミンやアドルノのいわゆる批判理論にせよ、リップマンからブーアスティンに至る疑似環境をめぐっての議論にせよ、いずれも現代社会の文化がマスメディアを媒介としたコミュニケーションによって、いかに大きな影響を受けているか、という問題意識で通底している。しかしさらに踏みこんで、メディアの革新が人間の感覚や意識にまで作用し、もっと深いレベルで現代の文化に影響を及ぼすと考えたのがマーシャル・マクルーハンである。

メディアを人間のもつさまざまな身体器官の拡張による媒介物であるととらえる彼の議論は、体系性に乏しく散漫であると評されるものの、その発言それぞれには興味深い趣旨が含まれている。とりわけ重要なのが、人類の歴史においては口承的な音声メディアの時代から文字による視覚的メディアの時代、そして電気メディアの時代という段階をたどっていることを示し、メディアの発展と文化変容が深く結びついていることを明らかにしたことだ（マクルーハン　一九八六）。そこから彼は、有名な「メディアはメッセージ」というテーゼにあらわれているように、メディアの伝えるメッセージ内容ばかりではなく、そこで伝えるメディアの様態そのものに大きな意味があるということを見いだしたのである（マクルーハン　一九六七）。

こうしたマクルーハンの考え方は、彼と同じカナダの研究者、ハロルド・A・イニスの影響を大きく受けているといわれる。イニスは、宗教改革の背景としては製紙法と筆記の確立、印刷術の発明などによって教会の影響力が弱体化したという状況があることや、近代国家における国民語の確立に印刷術の普及が大きくかかわること、あるいは機械印刷の発明のもとでジャーナリズムが発展したことなどをあげ、メディアの革新と文化・社会的な状況の変化が強く結びついていることを明らかにしてきた（イニス　一九八七）。

マクルーハンはこうした考察を参照しつつ、音声メディアの時代には包括的で触覚的なコミュニケーションの形態であったのが、文字による視覚的メディアの時代には、活字メディアの文字の羅列を目で追うような線形的な論理に基づいた視覚的な形態のコミュニケーションへと中心が移り、近代的な個人の意識もそうした思考に基づくメディア行動の中で生み出されたものだとしている。さらに電気メディアの局面に至ると、再び音声メディア的なコミュニケーション形態が復権する中で、コミュニケーションにおける物理的距離が無意味化し、電気テクノロジーに媒介された同時的、相互依存的な場が至るところに出現するという。ここから彼は、有名な「グローバル・ヴィレッジ（地球村）」のアイディアへと到達するわけだが、その道筋はいささか短絡的すぎるきらいもある。

マクルーハンの議論をより精緻化したともいえるウォルター・J・オングは、メディアの歴史を口承、筆記、活字、電子の四つに区分する。オングがいうには、電子メディアの時代において、口承の時代を担った声の文化が再び力をもつが、それはマクルーハンのいうような単なる口承の復権ではない。それは文字の文化に基礎をおいた「二次的な声の文化」の時代であり、文字の時代以前の「一次的な声の文化」よりも「いっそう意図的で、みずからを意識している」のだという（オング　一九九一）。オングの思想の中で重要なのは、このメディアの転換によって文化がまったく一新されるのではなく、旧来の文化の上に積層化していくという指摘である。オング自身は電子的なメディアにおける文化についてさほど多くを語ってはいない。とはいえ、紙媒体や音声、映像など旧来のメディアに加えてさまざまな電子メディアが交錯しつつ革新されてゆく現在のメディア環境のもとでは、旧来のメディアのあり方が新しいメディアの中で再定義されたり、また新しいメディアが旧来のメディアの延長上において受容されたりする点を踏まえる必要がある。したがって、文化変容の今後の情勢をとらえる上で、彼の指摘は今日からみてもきわめて示唆に富んでいるのである。

デジタルメディア、あるいはインターネットと文化変容

二〇世紀の末には、それまでのマスメディアが成熟期を迎える一方、コンピュータ・テクノロジーの導入により、あらゆる情報がデジタルデータへと置きかえられるようになり、またインターネットが社

会に浸透していったことで、「IT革命」とも呼ばれる情報化が進んだ。このことは、メディアによって媒介されてきた私たちと文化のかかわり方を大きく変えつつある。これらについては「二〇世紀的メディア編制」から「二一世紀的メディア編制」への変化といわれたり（小林　二〇〇三）、「複製技術の時代」から「メタ複製技術の時代」への変化ととらえられたり（遠藤　二〇一三）している。この流れの中で最も重要な点は、メディアの送り手と受け手の関係が、マスメディア中心の時代では一方向だったのが双方向的になり、送り手となる上でのハードルが劇的に下がったことなのだが、これはすでに広く常識として共有されていることだろう。すなわち、誰でも容易に送り手になることができ、かつ、きわめて大きな範囲にメッセージを広められるということだ。

こうした中で今日の私たちは、ミクシィやフェイスブック、LINEなどのソーシャルネットワーキングサービス、ブログ、ツイッターなどのミニブログ、ユーチューブやニコニコ動画などの動画共有サイトなど、CGM（Consumer Generated Media）あるいはUGC（User Generated Content）などとも呼ばれる、いわゆるソーシャルメディアを手にすることによって、きわめて広範囲かつ豊かな文化的情報のやりとりをできるようになっている。しかし、そこにはいくつかの注意すべき点も含まれている。

第一に、これらのサービスや商品は利用者に高い自由度が与えられる一方で、みずから一定のリスクを負わねばならない点がある。一九八〇年代ごろから進んだ経済の規制緩和や自由化を背景とした動きと連動した、アンバンドリングと呼ばれる個々のサービスのバラ売り化がそれにあたる。たとえば通信事業者であれば、一九八五年のNTT民営化以前は端末としての電話機から回線、交換局まですべてを電電公社が管理し、ユニバーサル・サービスと呼ばれる全国一律のサービスを提供していたものが、分割民営化で各領域はバラバラのサービスとなった。それぞれの領域で複数事業者による競争がおこなわれることで個々のサービスのコストが低下し、ユーザーにとっては恩恵となったものの、何かトラブルが生じた場合に原因を容易に突き止めにくいといったリスクを負うことにもなった。逆に安全確実に利用したい場合には、利用者はその分のコストを負担しなければならなくなってしまったのである（名和二〇〇七）。

第二の注意すべき点は、ネット上のシステムやサービスは利用者の手の届かないところで操作、あるいは管理されている可能性をもっていることである。ネットコミュニティの研究を手がける濱野智史が「アーキテクチャ」と呼ぶものがそれだ。アーキテクチャとは元来建築、もしくは構造のことを指すが、濱野はこのことばを「ネット上のサービスやツールをある種の「建築」と見なすということ、あるいはその設計の「構造」に着目する、という意味で用い」るとしている。もともとは米国の憲法学者ローレンス・レッシグが示した概念で、規範や法律、市場と並んで、人びとの行動や社会秩序をコントロールするための方法として提示したものである（濱野　二〇〇八）。近代社会の法や規範は「規律型権力」と呼ばれ、コントロールされる者にその存在を意識させたり、内面化させたりすることによって働きかける。しかしデジタルなシステムやサービスにおいては、仕掛けを巧妙につくることによって、不快さを感じさせることなく何らかの行動に仕向けるということが可能である。したがって規制される側の立場の者がその存在や力に気づかないうちに、対象者をコントロールすることができるのがアーキテクチャなのであり、「環境管理型権力」とも呼ばれる側面をもっている。そこには新しい形の監視社会や管理社会への道がつながっているとされる。

メディアという枠組みを超えて

デジタル化以前の社会においては、メディアを流通する文化はつねに何かの記録媒体と一体であることによって存在しえた。レコードやCDに記録された音楽、フィルムやビデオテープに収められた映像作品などがその例である。しかし、デジタル化とネットワーク化の進展で、文化的な対象はかならずしも特定の媒体に拘束されるものではなくなった。すなわち、アーキテクチャによって形成される乗り物としての「プラットフォーム」と、その上で展開する「コンテンツ」として存在するようになり、マクルーハン以来の「メディア」と「メッセージ」という枠組みを超えた状況が生じつつある。またそこでは、特定のパッケージの媒体に依拠しなくても経済的、法的（著作権等）な側面において有意味な対象となることで、情報社会の文化は無体物としての「知財（＝知的財産）」の性格をより強めてきている。

その一方で、これは主に日本の制度上の問題もあるのだが、放送映像や動画を保存、活用していく措置がとられていないため、アーカイヴの整備が不十分であり、さまざまな文化的財産が消失してしまう危機に瀕しているとも指摘される。それゆえ、「文化のサステナビリティ（持続可能性）」を意識的に取り入れていく運動が必要だとされている（吉見　二〇一二）。

こうした中で、私たちにとって、商業的な動きや権力的な働きかけにも振り回されることなく、受け身ではない形での文化へのコミットメントを保つにはどのような道がありうるのかが、情報社会における文化論の課題といえる。その対応策のひとつとして、水越伸の示すような、メディアのデザインやメディア環境の生態系の構想を交えた取り組みが有効性をもつと考えられる（水越　二〇一一）。あわせて、近年その重要性が強調される「メディア・リテラシー」をより高めていくことも必要だろう。メディア・リテラシーとは、水越の定義によると、「メディアを介したコミュニケーションを反省的にとらえ、自立的に展開する試み、およびそれを支える術や素養のこと」とされる。岡田がモバイルメディアを題材におこなっているメディア実践も、デザイン性やリテラシーを視野に入れた形で展開している具体例のひとつである（岡田・松田　二〇一二）。水越はまた、メディア・リテラシーを「正しい接し方」や「あるべき論」のような規範的なものではなく、むしろ「メディア遊び」や「メディア・アート」にみられる、コミュニケーションにおける既存の様式や秩序を組み替えるような、メディアに対する主体的なかかわりとして位置づけていく必要を説く。情報社会において私たちの日常に大きな影響力をもつと考えられている「環境管理型権力」は「テーマパーク型権力」ともいわれるように、快適で楽しいものとして提供される。それを享受する私たちは、ともすれば出来合いの箱庭の中で戯れるだけの存在にとどまりかねない。しかしそれらの中で徹底して遊び倒すことによって、管理された環境を構成するアーキテクチャや、その中で提供されるコンテンツの制約や限界が露呈してくるともいえる。したがって、情報文化の創造的な可能性は、まさにこの「遊び」の中にこそ見いだすことができるのであり、またこの「遊び」を忘れて「正しいあり方」を追求する先に創造的文化はありえない、ともいえそうである。

引用・参照文献

T・アドルノ　二〇〇二『アドルノ　音楽・メディア論集』渡辺裕編、村田公一・舩木篤也・吉田寛訳、平凡社。
H・A・イニス　一九八七『メディアの文明史――コミュニケーションの傾向性とその循環』久保秀幹訳、新曜社。
S・M・エイゼンシュテイン　一九五三『映画の弁証法』佐々木能理男訳編、角川文庫。
遠藤薫　二〇一三『廃墟で歌う天使――いま読む！名著　ベンヤミン「複製技術時代の芸術作品」を読み直す』現代書館。
岡田朋之・松田美佐編　二〇一二『ケータイ社会論』有斐閣。
W・J・オング　一九九一『声の文化と文字の文化』桜井直文・林正寛・糟谷啓介訳、藤原書店。
小林宏一　二〇〇三「「20世紀的メディア編制」の変容をめぐって」『東洋大学社会学部紀要』第四一―一号。
D・ダヤーン／E・カッツ　一九九六『メディア・イベント――歴史をつくるメディア・セレモニー』浅見克彦訳、青弓社。
名和小太郎　二〇〇七『イノベーション――悪意なき嘘』岩波書店。
J・バージャー　一九八六『イメージ――視覚とメディア』伊藤俊治訳、PARCO出版。
濱野智史　二〇〇八『アーキテクチャの生態系――情報環境はいかに設計されてきたか』NTT出版。
B・バラージュ　一九八六『視覚的人間――映画のドラマツルギー』佐々木基一・高村宏訳、岩波文庫。
D・J・ブーアスティン　一九六四『幻影（イメジ）の時代――マスコミが製造する事実』星野郁美・後藤和彦訳、東京創元社。
干川剛史　一九九六「批判理論と情報――フランクフルト学派におけるメディアと公共圏」澤井敦ほか『現代社会理論と情報』福村出版。
M・ホルクハイマー／T・アドルノ　二〇〇七『啓蒙の弁証法――哲学的断想』徳永恂訳、岩波文庫。
M・マクルーハン　一九六七『人間拡張の原理――メディアの理解』後藤和彦・高儀進訳、竹内書店。（＝一九八七『メディア論――人間の拡張の諸相』栗原裕・河本仲聖訳、みすず書房。）
M・マクルーハン　一九八六『グーテンベルクの銀河系――活字人間の誕生』森常治訳、みすず書房。
水越伸　二〇一一『21世紀メディア論』放送大学教育振興会。
W・リップマン　一九八七『世論』（上・下）掛川トミ子訳、岩波文庫。

渡辺裕　二〇一二『聴衆の誕生――ポスト・モダン時代の音楽文化』中公文庫。

おすすめ文献

遠藤薫　二〇一三『廃墟で歌う天使――いま読む！名著　ベンヤミン「複製技術時代の芸術作品」を読み直す』現代書館。
岡田朋之・松田美佐編　二〇一二『ケータイ社会論』有斐閣。
土橋臣吾・南田勝也・辻泉編著　二〇一三『デジタルメディアの社会学――問題を発見し、可能性を探る』（改訂版）北樹出版。
水越伸　二〇一一『21世紀メディア論』放送大学教育振興会。
吉見俊哉　二〇一二『メディア文化論――メディアを学ぶ人のための15話』（改訂版）有斐閣。

キャラ文化の越境

山中千恵

三月一日。ソウルの西大門刑務所歴史館では、一九一九年に日本統治下の朝鮮半島で起きた三・一独立運動を記念する、恒例の子ども向け行事が開かれていた。歴史博物館となった旧刑務所内を見学し、太極旗を振りながら独立宣言書を一緒に読む。そんな中、子どもたちに囲まれ、写真撮影をせがまれる「人物」がいる。韓国のジャンヌ・ダルクとも呼ばれる独立運動の英雄の一人、柳寛順（ユ・グァンスン）の――「ゆるキャラ」だ。周りの人に押され、私も成り行きで写真をともに撮ることになった。横に立つ私は、この「ゆるい」キャラを楽しんでよいものなのだろうか。自分の中の、「日本人」であるという意識とどうやって折り合いをつけるべきなのか。そんな戸惑いをよそに、彼女は私の手をとり、頭をかるく傾け――「微笑んだ」（おそらく）。

さまざまなモノや人物がキャラ化され、商品化されている。巨大市場をもつのは日本とアメリカだ。現在の日本では、あらゆるものが八百万の神よろしくキャラ化されつつある。熊本のくまモンをはじめとした「ゆるキャラ」や、備長炭や山手線を美少女や美青年キャラクターに変換する「萌え擬人化」が巷にあふれている。そもそも記号である元素や国家さえもキャラ化の対象とされているのが現状だ。キャラ化には、日本マンガやアニメ、子ども向け玩具開発などで培われてきた創作環境や作画技術が用いられ、日々進化している。

ポケモンやハローキティなど、日本生まれのキャラクター商品が国境を越えて流通し、アジアだけでなく欧米諸国の人びとにも親しまれるようになって久しい。しかしいま、とくに東アジアで起こりつつある現象は、商品の流通と消費の拡大にとどまらない。キャラクターを生み出したりキャラクターを望んだりする人びととの実践のあり方が越境し、広がっているのだ。ある対象を（マンガ的な）キャラクターにしようとする感性が、東アジアの人びととの間で共有されつつある。こうしたポピュラー文化の中では、韓国ナショナリズムのシンボルとして神聖化される柳寛順が、着ぐるみ化されていたとしても何ら不思議ではないのだろう。

東アジアにおけるキャラ化を楽しむポピュラー文化の広がりは、日米のマンガ・アニメ文化の浸透をベースとしている。韓国や台湾などの地域では、日本の植民地支配期からつねに、日本発のマンガやアニメを受容してきた。また、日本を含む東アジア地域の多くは、戦後アメリカのポピュラー文化を受容しながら、自らの文化をつくりあげてきたという共通の経験をもっている。

このように考えると、思わずキャラ文化が東アジア諸地域の相互理解を促してくれるのでは、と期待を寄せたくなる。だが、柳寛順に「西大門刑務所」という場所で出会ってしまうと、はたしてキャラ文化は国境を越えて皆がともに楽しめるものだと言いきってよいものか、戸惑う。

私たちは、キャラ化を楽しむ東アジアの人びとの中に、日本のマンガやアニメの資本力とソフトパワーに支配され、操作されるがままの「大衆（mass）」の姿を読みとるべきなのだろうか。あるいは、経済的な不均衡の中、与えられた日本やアメリカの文化を自らのものへとつくりかえていく民衆の力を見出すべきなのか。それとも、キャラは歴史的な文脈を欠いた単なる記号にすぎず、実のある何かを上滑りしていくうわべだけの文化というポピュラー文化の特徴を示しているのだと解釈すればいいのか。ポピュラー文化の理論は、私たちに簡単な答えを提供してくれるわけではない。それは、ポピュラー文化という用語自体が、ポピュラー文化に対する価値判断をめぐって絶えずその意味を問い直されているものだからだ。

丸い大きな目をした柳寛順の着ぐるみ。キャラ文化の越境が生み出した現状は、現代に生きる私たちにとってポピュラー文化とは何かを問いかけている。

4 グローバル文化としての現代文化

山田真茂留

カラヤンとコカ・コーラ——グローバル化とポピュラリティ

二〇世紀の指揮者界の帝王、ヘルベルト・フォン・カラヤン。彼のことをコカ・コーラにたとえて物議を醸したのは、カラヤンの前にベルリン・フィルハーモニーの首席指揮者を務めたセルジュ・チェリビダッケである。一九四五年、ドイツ戦終結直後の動乱期、ドイツ・オーストリア系の指揮者はすべてベルリンの音楽界から追放されたため、ルーマニアから留学生として来ていた若きチェリビダッケが急遽ベルリン・フィルのシェフとして登用された。だが彼はその後、カラヤンによってその座を追われ、ヨーロッパのさまざまなオーケストラを転々とすることになる。生の音楽こそすべてという信念の持ち主であったチェリビダッケは、レコーディングをずっと極度に嫌っていた。これに対して、各種の最先端メディアに対して強い関心をもっていたカラヤンは、次々とおびただしい数の録音・録画を発表していく。その旺盛な活動によって、彼の名は世界中に轟《とどろ》き、またクラシック音楽自体が各国隅々にまで普及することになった。

こうして二〇世紀後半、クラシック音楽は急速にグローバル化し、ポピュラリティを大いに高めたわけだが、それにはたしかにレコードという（その後はCDや音楽配信という）音の缶詰がコカ・コーラのように軽々と国境を越えていったことが強く効いていよう。また航空機移動の高速化・簡便化によって、缶詰ならぬ本物のアーティストたちが世界を身軽に往き来するようになったという事情も大きい。実際、カラヤンの音楽マーケティングをコカ・コーラ販売にたとえて揶揄し、自身は長きにわたって「幻の指揮者」と言われ続けたチェリビダッケも、晩年には世界中を飛び回ることで、ヨーロッパの一部だけに留まらないグローバルな名声を博するようになった。

ところが、クラシック音楽のグローバル化＝ポピュラー化の大きなうねりは、いつしかある種の変質を遂げてしまったようだ。今ではカラヤンとベルリン・フィルのコンビのように、世界の誰もが知っているような超カリスマ的存在はない。ベルリン・フィルやウィーン・フィルですら、世界への流通をねらったレコーディングは激減してしまった。またそれによる収入減を補うためになされる国外ツアーも、収益率の高いところに集中しがちなため、彼らが全世界をめぐるという事態にはなかなかならないというのが現状だ。

こうなってしまった背景要因としては、⑴教養主義の後退と、⑵市場主義の先鋭化の二つが考えられよう。かつて、たとえば一九六〇年代や七〇年代あたりの文化産業関係のフィールドを振り返れば、そこには供給側にしても需要側にしても、よきものを提供したい、あるいは摂取したいという熱い思いが溢れていた。それはクラシック音楽だけでなくポピュラー音楽の場合も同様だ。もちろんそこに商業的な思惑が大きく響いていたのは事実だが、しかし多少コストがかかっても良質のものを共有しようという姿勢がこの時代にはあり、だからこそクラシックの場合もポピュラーの場合も、外来アーティストによる公演が全国津々浦々で開催されたわけである。

ところがその後、二〇世紀も末になって市場的自由を極端な形で謳うネオリベラリズムの動向が顕在化すると、「少しでも安いものを」という買い手側の気持ちと、「少しでも収益の上がる相手に」という売り手側のねらいが相俟って、良質の文化的産品が地方に行きわたらなくなってきた。たとえばウィーン・フィルにせよレディー・ガガにせよ、首都圏で何公演か分の高額チケットを売り切ってしまえば、あとは地方をめぐる必要がほとんどないというのが興行主の判断にほかならない。

ただし、これでグローバル化の流れが失速したというわけではもちろんない。ネオリベラリズムが世界を席巻することで、グローバル化の勢いは一層増している。問題は、文化のグローバル化が「よい文化は世界中どこにでも」という教養主義的段階から「売れる文化は世界中どこでも売れるところに」という市場主義的段階へと遷移しつつあるところにある。これによって文化的産品の供給は、グローバルではありながら、地域的な偏りを強く呈するようになってしまった。一般によい文化はグローバルに展開する傾向を見せるものだし、また反対にグローバルに展開するのがよい文化という見方もありえよう。それは今でも変わらない。しかしながらそのグローバルという言葉は、最早「世界中どこでも等しく」ということを意味しなくなってきたようだ。

ディズニー・パークとルネッサンス・フェスティバル――曖昧で雑駁な夢

ディズニーというのは、グローバル文化の典型である。ディズニー・パークはカリフォルニア、フロリダ、東京、パリ、香港にしかないが、ディズニーのキャラクターをまったく知らない者は、カラヤンやビートルズを知らない者よりも確実に少ない。ディズニー・パークを堪能できるのは、実のところ世界でかなり限られた人々だが、ディズニー映画だったら世界中、どんな人でも観ることができる。

そのディズニー文化のことをきわめてアメリカ的と思っている日本人は多いだろう。しかし少し考えてみると、ディズニー映画やディズニー・パークの描く世界は、実はアメリカ社会の現実とは無縁であることに気づく。横溢する笑顔にしても、豊富なコミュニケーションにしても、徹底的な清潔さにしても、アメリカの街に典型的に見られるものではけっしてない。現実から隔離されたディズニーランドで束の間の夢に共同で酔いしれる、というのは、アナハイムの場合も浦安の場合もまったく変わりはない。サットンはディズニーランドにおいてポジティブさが規範としてひたすら強調されるさまを分析しているが（Sutton 1992）、これはアメリカでもディズニー的な風景が夢にすぎないことを端的に示している。

では、その夢の根源はいったいどこにあるのだろう。ディズニーに描かれているお姫様やお城などは、アメリカのものではもちろんない。その出自は明らかにヨーロッパだ。そこにはアメリカという国がいかに強くヨーロッパ的な文化を切望しているかが読みとれる。しかしながらそこに登場するキャラクターやアイテムは、具体的にいつの時代のどこの誰とか何とか特定できるものではなく、ひたすら曖昧な空想上の存在に留まる。

そしてその雑駁さは、全米各地で毎年秋に催されるルネッサンス・フェスティバルに、かなりの部分共通していよう。さまざまな州で数週間にわたって開催されるこのフェスティバルは、中世・ルネッサンス時代を模したテーマパーク型の遊戯空間で、そこでは当時のコスチュームに身を包んだ人たちの間を歩いたり、鎧をまとった騎士たちの戦いのショーを観たり、鍛冶屋の実演を覗いたりすることができる。その風景の多くはルネッサンスというより実は中世なのだが、そのあたりを気にするのは野暮というものなのかもしれない。何せそこは、歴史から解放された新天地、アメリカなのだから。

こうしてアメリカ人はディズニー・パークで、あるいはルネッサンス・フェスティバルで、ヨーロッパに対して強烈な望郷の念を抱く。だがそれは、本物の故郷というにはほど遠い。歴史の浅い人工国家を生きる彼らにとっては共同体の記憶を呼び起こそうにも、それがどうしても無理なので、本当にファンタジーばかりを——つまりはどこにもない世界を——夢見てしまった、というのが実状だろう。なるほど、近代国家であればどこの国にも「想像の共同体」（アンダーソン　一九九七）という側面はある。けれども、アメリカという国が抱く想像・空想・夢想の形は、やはり尋常ではなかった。

タングルドなラプンツェル——どこにもない世界

そしてこの、どこにもない世界をファンタジーとして自由に夢想するというのがアメリカ的な可能性の原型としてあるならば、多くの国の大勢の人々がその夢を共有したがるのも当然といえる。過去にしても現在にしても未来にしても、その姿を自由に思い描き、そして容易に作り変えていけるというのは楽しいことにちがいない。ディズニー映画『塔の上のラプンツェル』は、勇気と冒険と思いやりに満ちた大変に美しい作品で、これを観て落涙する人も少なくない。が、そのように仕上がっているのは、元の物語にあった性的描写がグリムによって薄められ、さらにディズニー的に数々の改変を施されたからだ。ちなみにこの映画の原題は『タングルド（Tangled）』で、それは主人公ラプンツェルの長い髪を形容し、また彼女の出自などを暗示する「もつれた」「こんがらがった」の意だが、この作品の自由奔放な改変プロセスそれ自体、相当にタングルドなものになっている。

いや、善悪・美醜さまざまな要素が含まれている元の物語のタングルドな世界を、ディズニーが無菌的でポジティブな世界へと――つまりはディズニー・パークのありようと同じ形に――見事に浄化してしまったと表現する方が、より的確かもしれない。ついでながらタングルドというのに、主人公の非常に長い髪は、なぜか綺麗にストレートだ。ディズニー的な世界は、どことも特定されず、普段なら誰にもありえないようなことが生起する夢に満ちた空間であるからこそ、どこの誰にでも容易に感情移入のできるところとして、グローバルな憧憬の的となる。

しかしながら、そのグローバルな夢は、同時に残酷なほど排他的な志向を隠しもっているということにも注意しておかなければならない。それはどこにもない曖昧で雑駁な世界でありながら、やはりどうしようもなくヨーロッパ的＝白人的な世界の枠内に留まる。ディズニー映画で多文化が描かれた場合でも、そこで際立っているのは西洋人側の視点、つまりはオリエンタリズムのまなざし以外の何ものでもない。ディズニーが描く無菌的でポジティブな世界では、主流文化・支配文化から見た際のマイナス項の多くがひたすら捨象されてしまう。もちろんそれが幼児的な夢に留まるなら、それでいいのかもしれない。しかし夢は現実を強く駆動しようとする。たとえば、警備員による二四時間の監視付きで外界から完全に隔離され、人種的・階級的にきわめて等質な人たちだけが住み、それ以外の何者をも無用に中へは入れない、いわゆる「ゲイティド・コミュニティ」。それはディズニー・パークのありようと非常によく似ている。

グローバルな夢は誰にでも開かれている。けれども他方、それがきわめてアメリカ的であり、またそのアメリカらしさがヨーロッパへの憧憬に基づいているというのも、否定しようのない事実だ。現代文化は、グローバル文化として普遍的に浸透しながらも、幾多の文化的ハイアラーキーを個別的に内包した、それ自体きわめてタングルドな存在になっている。

パンクとサッカー——連帯か分断か?

ベック（二〇〇五）は、一九九〇年代、亡命アルジェリア人の歌うポップスがフランスで一大ヒットとなり、それが全世界に飛び火したことを例に挙げて、これこそが文化のグローバル化だという。それよりも前、一九七〇年代には、現代の閉塞感に由来する苛立ちを率直に表現したNY生まれロンドン育ちのパンク・ロックの動きが世界に拡がり、その様式は後続の世代のミュージシャンたちにさまざまな影響をもたらした。これもまたグローバル文化としての現代文化の典型にちがいない。そこには、国境を越えた文化が人々をグローバルに結びつけるさまを見ることができる。

だが、その同じ文化も、特定の層に固有という色合いが際立つような場面では、人々の間を引き裂く方向に作用することになる。イギリスの研究者ヘブディジは、パンク・ロックに関する研究（ヘブディジ　一九八六〔原著は一九七九〕）で一世を風靡した後、一九八〇年代中ごろ、アジア系・西インド系・アフリカ系などさまざまなエスニック集団が入り混じった労働者階級の住宅地に住んでいた（Hebdige 1987）。そこは多様な人種・民族の混住地域ということで、非常にグローバルな場所だった。しかし実際問題、異なる集団の間に連帯意識はほとんど醸成されない。そこには深夜・早朝に大音量を流し続けるポスト－パンクの若者たちも住んでいたが、彼らは明らかに他の住人たちと異質だった。反抗的ロックに対して理解が深かったはずのヘブディジも、とうとうブチ切れる。理解し合うなどとりあえずはどうでもいいので、とにかく音量を下げろ、というわけだ。

では、パンクよりもさらにグローバル文化として強大なサッカーの場合はどうだろう。サッカーの場合なら、分断ではなく連帯ばかりが目立つだろうか。これに関しては、イギリス映画『ベッカムに恋して』（原題 Bend It Like Beckham）の分析をとおして多文化関係の問題を深く掘り下げているアーメドの議論が非常に興味深い（Ahmed 2008）。この映画の主人公の少女ジェスは、インドからの移民（シーク教徒）の娘である。彼女の父親はかつて手ひどい人種差別に遭っており、わが子には目立たずひっそりと暮らすよう諭してきた。しかし、ジェスは親の意に反してサッカーに熱中し、その技能は大変な注目を浴びるまでに至る。彼女はサッカーを通じて白人の友だちと、そしてボーイフレンドまで得ることができた。

伝統的な生活にこだわる親とはちがって、意志を強くもって自由を謳歌し、大好きなサッカーに没頭したがゆえに、主人公はよき人生を送れるようになった、というのがこの映画の放つメッセージである。そのポジティブな響きは非常に心地よい。この映画には多文化の描写にありがちな人種差別的な要素がまったくなく、幸せな雰囲気で満ちていて素晴らしい、という評論家による賛辞もあるという。だが、アーメドが問題にするのは、まさにその点だ。たしかにサッカーは、ナショナルな統合やグローバルな連帯の象徴になりうる。しかし、それをもたらすのは、あくまで主流文化・支配文化を導いてきた白人男性にほかならない。白人コーチのジョーがジェスのボーイフレンドとなり、また彼女の父親とも仲よくなってくれることによってはじめて移民家族の傷は癒される、というのがアーメドが問題にするポイントである。つまりは、さまざまな個別文化が主流文化・支配文化に従属するかぎりにおいて、多文化的な世界は幸せな形で統合されるというわけだ。この映画が表象する多文化観においては、移民たちに対する構造的な差別は隠蔽され、また彼らが抱きがちなメランコリーは望ましくないものとして抑圧されてしまっている。

なるほどパンクにしてもサッカーにしても、あるいはより一般的に音楽にせよスポーツにせよ、言葉による制約が比較的小さい文化様式のため、民族の壁や国の境を容易に越えることができる。エスニシティやナショナリティの異なる多様な人々が楽しめるということこそ、グローバル文化としての音楽やスポーツの大きな特徴にちがいない。しかし、主流文化・支配文化としてグローバルに流布する音楽やスポーツを世界中の誰もが自然に楽しんでいるといいきったり、あるいはみな普通にそれらを楽しむべきだと主張したりすれば、そこにいくばくかの違和感を覚える人も一定数出てくるだろう。グローバルな文化について考えるにあたっては、そうしたローカルな居心地の悪さにも適切な配慮を払っておかなければなるまい。

オムニボアの世界――雑食するのは誰？

パンクもサッカーも、考えてみればイギリス・白人・労働者階級・男性的な文化だ。しかしそれはグローバル文化として世界各地に展開している。もともと限られた層（階級・階層など）に特徴的だった文化が多様な人たちに浸透するようになること、また元来特定の文化的産物を好んでいた人々がさまざまな種類の文化に接するようになること、これを文化的オムニボア（雑食）という。

昨今、文化的な民主化が進展したことで、階層的な文化の敷居は相当低くなってきた。また広義の教養主義は、先述のように頭打ちにはなったものの、まだそれなりの勢力があり、好奇心に満ちた人々を量産し続けているため、諸々の文化の間にあった旧来の上下関係は次第にその意味を減じていく。さらに各種文化産業によるマーケット拡大の動きは一層激しく、今ではすべての層があらゆる文化的産品のターゲットとされるようになった。そして、世界各地で諸々の文化の交錯や混淆を促すグローバル化の大きな流れがやむことはない。

こうした状況のなか、文化的オムニボアの存在はきわめて一般的なものとなっている。全米芸術基金（National Endowment for the Arts）による「芸術関係領域参加調査」（二〇〇八年調査、（NEA 2009）を参照）、ならびに総務省による「社会生活基本調査」（二〇一一年調査、総務省統計局ホームページを参照）のデータで確認してみよう。まずはクラシック音楽に関してだが、学歴が上がるほどその聴取の比率も高くなっていく。過去一年間にクラシックの実演に接した人は、アメリカの場合、高卒程度だと三%だが大卒程度だと一七%になる。日本の場合も同様で、高卒程度が六%であるのに対して大卒程度の場合は一四%だ。これだけ見ると、階層的ポジションが上位にあるほど嗜好がハイ・カルチャー的なものに偏るように思われるかもしれない。しかし階層が高い人たちはそうでない人たちに比して、ポピュラー・カルチャーへの関心も同様に強い。たとえば過去一年間のスポーツ・イベント観戦者の比率は、アメリカでは高卒程度 一三%→大卒程度 四五%であり、日本でも高卒程度 一五%→大卒程度 二七%となる。こうした傾向は、映画やカラオケなどの場合も同様だ。そして他のさまざまなデータからも、階層が高いと趣味が高尚になっていくのではなく、むしろ雑食の傾向が高まるということが判明している。

このように文化的オムニボアは今日、まったく珍しいものではなくなった（小藪・山田 二〇一三なども参照）。世界にはさまざまな種類の文化的産品が溢れており、各種の文化を貴賤の区別なく貪欲に享受する人がたくさんいる。ただし右で見たように、雑食という振る舞い方それ自体は上の方の階層に偏っている。世界中の誰もが雑食しているわけではない。さらに、とくにアメリカではエスニシティごとに趣味嗜好の違いが大きく出ているということにも注意しておこう。このエスニシティによる効果はもちろん教育や収入などといった諸要因と強く結びついているわけだが（DiMaggio and Ostrower 1992 を参照）、いずれにせよアフリカ系やヒスパニックの人たちが大勢いる界隈のスタジアムで開催されるMLBやNBAのイベントに、彼らの姿がそれほど多くは見かけられないというのは、普段はあまり気にかけられないものの、実は注目に値する重要な事実である。

現代文化はグローバル文化として展開し、また文化的オムニボアは各地で増殖を遂げている。けれども、それによって文化享受のありようが世界で一気に均質化・均等化し、階層や民族による差がなくなってしまうというわけではなかった。

ロードサイド・カルチャーの風景――どこにでもある文化

ただし、先進諸国どこにでも見られる文化状況というのは、もちろんある。たとえば郊外・地方のロードサイドにある大型ショッピング・センターで見られる消費スタイルなどは、グローバルに均質化・均等化した文化の典型だろう。駅前でも街中の繁華街でもなく、大きな道路沿いに拡がる広大な土地に建てられた大型の商業施設にクルマで出かけて、買い物をしたり外食をしたり映画を観たりすること。これに関しては、地方の個性はおろか、国ごとの違いすらほとんど見受けられない。アメリカ中西部の主要都市郊外であっても、あるいは関東北部の地方都市郊外であっても、ロードサイドに展開される風景はまったくといっていいほど変わらないのである。そしてそこに主として関わっているのは、地元ではなくナショナルな資本だったりグローバルな資本だったりする。

モータリゼーションの爛熟に裏打ちされたこの種のロードサイド施設の展開は、周辺住民の生活様式を一変させた。クルマがあれば、一時間に何本もないバスや鉄道を待つ必要がない。大型のスーパーやモールに行きさえすれば、近所の万屋を訪ねたり、古いアーケード内の店を経巡ったりする手間が省け、小さな店には揃っていない多様な商品を一気に入手することができる。そしてその買い物の帰りには、同じ施設敷地内の、あるいはクルマで数分のところのレストランで食事。その後はさらに映画やカラオケを楽しむことも可能だ。田畑の拡がるのどかな風景のさなかにありながら、都会とまるで変わらない消費生活が送れるようになったということ。それは革新的な変化というべきであろう。

　ただし、それにはさまざまな代償が伴う。地元の店の多くが廃業に追いやられ、古くからのアーケードはシャッター通りと化す。公共交通機関の利用者は激減し、もともと少なかったバスの便はさらに減らされる。廃止になる路線も少なくない。クルマの運転のかなわない子どもやお年寄りは、一人で移動することがままならなくなり、家族への依存度が高まる。頼れる家族がいない人はさらに大変だ。いわゆる買い物弱者も多く出てくる。

　こうなってくると、無駄な（あるいは余裕のある）時間を一人で、もしくは友人や知り合いと一緒に外で過ごすということができにくくなる。これがストリートとロードサイドとの大きな違いだ。たとえば高校生仲間で遊ぶ際に、何となくの流れでカラオケに行ってダラダラ過ごすのと、親の送迎つきでカラオケに行って決められた時間どおりに解散するのとでは、醸し出す雰囲気がかなり異なってこよう。

　さらに、ロードサイド・カルチャーは、どこにでもある文化である以上、大変に個性が乏しく、型にはまった消費文化に留まる。この既成文化を人々が自律的に改編する余地はほとんどない。ロードサイド・カルチャーはグローバル文化としては非常に強力でありながら、いきいきとした側面をあまりもっていないのである。だがそれはロードサイド・カルチャーだけでなく、グローバル文化一般の問題なのかもしれない。グローバル化＝ポピュラー化した文化は、そもそも既成化しきった存在であるため、いかに最先端を標榜したとしても、陳腐さを何ほどかまとわざるをえないというのが宿命なのだろう。

　しかしながらあらゆるグローバル文化は、実はもともとローカルな文化として始まっている。ガガもウィーン・フィルもIKEAもNintendoも何も、元をたどれば非常にローカルで個別的な存在だったことがわかる。またこれまで何度も確認してきたように、グローバル文化の展開によってあらゆる個別性がならされてしまうというわけではない。ロードサイドであっても、そこにローカルな人々のうごめきがあるかぎり、いきいきとした文化が生成・展開してくる可能性はある。またその反対にストリートであっても、そこが既成の文化によって席巻されていれば、その場から新たな意味が生まれてくる確率は非常に低いものとなろう。

およそ文化と呼ばれるものなら何であれ、その背後には必ず個別具体的な人々の集まりがある。文化を豊かなものとして活かすのも、あるいは涸れたものにしてしまうのも、すべてはその人々の一つひとつの動きにかかっている。

引用・参照文献

B・アンダーソン　一九九七『想像の共同体――ナショナリズムの起源と流行』（増補）白石さや・白石隆訳、NTT出版。
小藪明生・山田真茂留　二〇一三「文化的雑食性の実相――ハイ＝ポピュラー間分節の稀薄化」『社会学評論』二五二。
U・ベック　二〇〇五『グローバル化の社会学――グローバリズムの誤謬―グローバル化への応答』木前利秋・中村健吾監訳、国文社。
D・ヘブディジ　一九八六『サブカルチャー――スタイルの意味するもの』山口淑子訳、未來社。
S. Ahmed 2008 "Multiculturalism and the Promise of Happiness," *New Formations* 63.
P. DiMaggio and F. Ostrower 1992 *Race, Ethnicity, and Participation in the Arts: Patterns of Participation by*

Hispanics, Whites, and African-Americans in Selected Activities from the 1982 and 1985 Surveys of Public Participation in the Arts, NEA Research Report #25.

D. Hebdige 1987 "The Impossible Object: Towards a Sociology of the Sublime," *New Formations* 1.

National Endowment for the Arts 2009 *2008 Survey of Public Participation in the Arts,* NEA Research Report #49.

R. I. Sutton 1992 "Feelings about a Disneyland Visit: Photography and the Reconstruction of Bygone Emotions," *Journal of Management Inquiry* 1.

おすすめ文献

井上俊・伊藤公雄編　二〇〇九『文化の社会学』（社会学ベーシックス3）世界思想社。

小倉充夫・加納弘勝編　二〇〇二『国際社会』（講座社会学16）東京大学出版会。

丸山哲央　二〇一〇『文化のグローバル化――変容する人間世界』ミネルヴァ書房。

宮島喬・舩橋晴俊・友枝敏雄・遠藤薫編　二〇一三『グローバリゼーションと社会学――モダニティ・グローバリティ・社会的公正』ミネルヴァ書房。

5 文化と権力

松浦雄介

クール・ジャパンの現在

二〇一二年八月、韓国の李明博大統領が日本で「竹島」、韓国で「独島」と呼ばれる島に上陸し、日韓のあいだで一挙に緊張が高まった日の翌日、ソウルで日本のアニメのテーマ曲や挿入曲、いわゆる〝アニソン〟を歌う大会「アニソングランプリ2012」が開かれた。このイベントについて伝えた数少ない日本のメディア報道のひとつによれば、政治的緊張の高まりにもかかわらず、出場をキャンセルした参加者は皆無、一二六の座席は満席で立ち見が出るほどの盛況ぶりだったという（MSN産経ニュース、二〇一二年一〇月二〇日）。座席数からみれば、小規模なイベントである。フランスのパリで開催される「ジャパン・エキスポ」が毎年二〇万人前後の観客を動員するのと較べると、なおさらその小規模さは際立つ。しかしここで目を引くのは、このイベントの主催者と場所である。主催者は在韓日本大使館公報文化院とアニメ専門チャンネル「ANIMAXコリア」であり、会場は公報文化院のホールだった。つまりこのイベントは、外務省による日韓文化交流あるいは日本文化広報の事業の一環として行われたのである。

アニメをはじめとして、ポピュラー文化を広く活用しようとしている省庁は外務省だけではない。経済産業省もまた、二〇一〇年に省内に「クール・ジャパン室」を設置し、デザイン、アニメ、ファッション、映画などの文化産業の海外進出促進や人材育成などを行っている。同省の場合、狙いは当然ながら経済発展であり、「クール・ジャパン」という統一的なコンセプトのもと、文化コンテンツの輸出を推進しているのである。このクール・ジャパンという言葉は、二〇〇二年にアメリカのジャーナリスト、D・マッグレイが外交専門誌『Foreign Policy』に寄せたエッセーのなかで、クールな文化の溢れる日本を「文化的超大国」と持ち上げたことがきっかけとなり、普及した言葉である（マッグレイ 二〇〇三）。

このように、今日ではお堅い役所がポップな文化を積極的に活用しようとしている。こういった動きは日本に限ったことではない。そもそも「クール・ジャパン」に先駆けて、一九九〇年代末のイギリスに「クール・ブリタニア」というのがあった。この時期のイギリスでは音楽・映画・ファッション・アートなどの領域で先端的な作品が次々に生み出され、世界的に注目を集めていた。それを受けて、一九九七年に首相となったT・ブレアは「クール・ブリタニア」のコンセプトのもと、文化産業を育成して国家のブランド・イメージを向上させ、投資や観光を促進しようとしたのである。こうしてみると、

「クール・ジャパン」が「クール・ブリタニア」のアイデアを踏襲したものであることがみてとれる。また、韓国政府もドラマやK‐POPなど自国の文化を海外に普及させるべく、「国家ブランド委員会」や「韓国コンテンツ振興院」などの組織をつくり、多額の税金を投入している。中国でも文化産業は重要な戦略的分野として主張されており、いずれ中国のポピュラー文化をメディアで見かける日が来るかもしれない。このように、今日では文化のクールさをめぐるホットな競争が各国間で展開されている。

それにしても、ここにみられる文化、とりわけポピュラー文化と権力との関係は、いささか奇妙にみえる。ポピュラー文化といえば、その無秩序さや猥雑さゆえに若者に熱狂的に支持され、同じ理由ゆえに大人から非難され、そしてその大人を代弁する権力によって禁止や規制の対象とされるというのが、よくある光景だったはずだ。これまで小説や映画、マンガなど多くの文化ジャンルがそのような経緯をたどったし、今日でもそのような面は見られる。そこで本章では、文化と権力の関係に関する大まかな見取り図を描き、現代における両者の関係を理解するための見通しを得ることにしよう。とはいえ、文化と権力の関係をめぐる論点は多岐にわたるので、もっとも基本的な問題設定に絞ってみてゆくことにする。

文化を規制する権力

従来の社会学あるいは広く社会科学において、権力は強制力としてとらえられてきた。M・ウェーバーの権力の定義はそのもっともよく知られたもののひとつである。「「権力」とは、或る社会的関係の内部で抵抗を排してまで自己の意志を貫徹するすべての可能性を意味し、この可能性が何に基づくかは問うところではない」（ウェーバー　一九七二）。他者の抵抗を排してでも自らの決定を貫徹できること、自らの決定を他者に強制できること。これが権力の古典的定義である。

権力組織が、自分たちおよび社会にとって好ましくないと考える文化を、禁止や規制などの手段によって取り締まろうとする事例は、古今東西枚挙にいとまがない。秦時代の中国における焚書坑儒、鎖国時代の日本におけるオランダおよび中国を除く外国文化全般、ナチス時代のドイツにおける「退廃芸術」、独立後の韓国における日本の大衆文化は、いずれも権力によって禁止された文化の例である。現代社会においては、性と暴力の関係する領域が、とりわけ禁止や規制の対象となりやすい。公序良俗と表現の自由との対立、あるいは「猥褻か芸術か」といった類の論争は、戦後の日本に限定しても、『チャタレイ夫人』裁判以来、『悪徳の栄え』や『愛のコリーダ』などの小説や映画の作品をめぐって、たびたび生じてきた。

これらの禁止や規制は目に見えやすいが、実際の文化と権力との関係はもっと複雑である場合が少なくない。より複雑な権力の作動の仕方として、自主規制というものがある。報道や表現に携わる組織に対して影響力を持つ個人や組織が、何らかの報道や表現をやめさせようとするとき、直接的に影響力を行使すれば、言論および表現の自由の侵害として問題になりかねない。そこで介入をほのめかすことによって、あるいは報道や表現に携わる側が、介入が生じたときの不利益を懸念して、自主的な判断により表現を制限するのが自主規制である。この場合、権力による直接的な介入があったわけではないが、報道や表現をする側は何がしかの圧力を感じることになるため、権力行使があったかなかったかということが判断しにくくなる。この種の自主規制は、放送・音楽・映画など文化産業に携わる各種の業界にみられる。

二〇一一年の三月一一日に起こった出来事以降、原発をめぐる報道と表現の自由が何度か問題となった。たとえば、歌手の斉藤和義が自らの歌を替え歌にして電力会社を批判する歌をつくったが、確認しうる限り、この曲は今日に至るまで一度もテレビで放送されたことがない（ラジオでは一度放送され、インターネットでは常時視聴することができる）。また、ニュース番組『報道ステーション』のキャスター古舘伊知郎が、番組内で報道に対する電力会社からの圧力をほのめかす発言をして物議を醸したこともあった。一般的に、マスメディアのスポンサー企業が放送内容に不満を抱いてスポンサーを降りること、そしてマスメディアがそれを恐れてスポンサーの利害を損ねない範囲で放送しようとすることはある。この場合、スポンサー企業はマスメディアに直接的に権力を行使しているわけではなく、契約の範囲内で物事を進めているわけだが、一連の行動をつうじて行使される影響力が、報道や表現を制約するのはたしかである。

「映倫」という通称で知られる映画倫理委員会の歴史は、自主規制というものが、文化と権力との対立関係の妥協的解決として生成するプロセスを如実に示している。現在の映倫の前身は「映画倫理規程管理委員会」（旧映倫）だが、これは映画業界の内部組織であった。そのため、一九五六年に公開された石原慎太郎原作の映画『太陽の季節』をはじめとする「太陽族」の映画が公序良俗を乱すものとして多くのマスコミ・世論の批判を引き起こしたとき、その批判は旧映倫の審査のあり方にも向かった。文部省（当時）による法規制の動きまで生じ、映画表現の可能性が不本意に制限されることを危惧した映画業界が、業界から独立した組織として旧映倫を改組したのが、現在の映倫の起源である。

このように、文化生産者たちが自主規制を選択するのは、基本的には政府や役所、警察、あるいは企業や団体組織、さらには世論や市民などによる文化生産への介入を回避するためである。この場合、実際の介入の有無にかかわらず、介入があるかもしれないという予期が存在するだけで、自主規制は発生しうる。そのことを鮮明に示すのが、「放送禁止歌」の事例である。日本の放送業界には、赤い鳥の「竹田の子守唄」やザ・フォーク・クルセダーズの「イムジン河」、美輪明宏の「ヨイトマケの唄」など、近年でこそ徐々に放送されるようになったものの、長らくタブーとされてきた歌がある。放送禁止歌は正式には「要注意歌謡曲」といい、日本民間放送連盟（民放連）が一九五九年に始めた「要注意歌謡曲指定制度」によって、差別語などの「問題表現」（と民放連が判断したもの）を含んでいるため放送に適さないと判断された歌のことである。しかしこの要注意歌謡曲とは、民放連が各放送局のために定めたガイドラインにすぎず、強制力はまったくない。にもかかわらず、このガイドラインを鵜呑みにした放送局の自主規制によって、多くの歌が放送禁止とされてきたのである（森　二〇〇三）。

社会が何らかの対象を「逸脱的」あるいは「反社会的」と規定し、統制することによって「正常／異常」あるいは「規範／逸脱」の境界設定を行うプロセスの分析は、社会学が得意としてきたテーマである。文化に関してそのようなプロセスを扱った例としては、有害コミックをめぐる規制についての諸研究が知られている（中河・永井　一九九三）。この延長上で、アニメや映画など各種の文化ジャンルにおける権力の介入過程を分析することができるだろう。自主規制の問題については、権力の作動の仕方がより複雑なこともあってか、カラオケボックスの自主規制をめぐる研究（永井　一九九三）などがわずかにあるのみである。文化をめぐって誰が、どのような力を行使してどのような制約を課すのかを問うことは、その社会における文化の臨界を浮き彫りにする重要な研究となるだろう。

文化を推進する権力

権力は文化に介入し、規制や禁止をするだけではない。伝統的には、権力は文化に対して、規制するのと同じくらい熱心に、庇護し、推奨してきた。近代以前の西洋音楽や西洋絵画の歴史を飾る音楽家や画家たちは王侯貴族の庇護を大いに受けていたし、日本の能や狩野派の絵画なども然りである。これらの文化を権力者たちが推奨したのは、社会全体の文化水準を向上させるためであるよりも、権力者たち自身の威光の誇示や階級文化の保持、あるいは私的な楽しみのためであった。しかし近代になると、文化と権力との関係は大きく変容してゆく。両者のあいだには先述したような敵対的関係がみられるようになり、とりわけ芸術の領域で、既存の体制や因習に反逆し、自らの感性や感情を表現することこそが真の芸術であるという考え方が、ロマン主義の隆盛とともにあらわれるようになる。公序良俗と表現の自由との対立も、このような傾向のなかで先鋭化していったのである。

しかし近代における権力と文化との関係は敵対的であるだけではなく、前者が後者を推進・推奨したり、ときには創出することさえある。そもそも、強制的に権力を行使するようなやり方は、行使する側にとっても手間がかかり、人びとの不満を増大させ、時に反乱や抵抗を誘発するなど危険も多い。権力にとっての理想は、それを行使される人びとによって、その行使が当たり前のものとして受け入れられること、人びとが権力の期待を先取りしてそれに沿うかたちで行動することであり、いわば権力それ自体が透明化することである――かつてA・グラムシがいったように、強制とはそれを受け入れない者にとってのみ強制なのだから（グラムシ　二〇〇一）。それゆえ権力は、人びとを抑圧するのではなく（あるいはそれだけではなく）、自らを受け入れ、従う主体を創りだす――これが、グラムシやL・アルチュセールが追究し、M・フーコーが決定的なかたちでもたらした権力論の重要な知見のひとつである（グラムシ　二〇〇一、アルチュセール　二〇〇五、フーコー　一九七七）。

このような主体を創りだすうえで効果的な手段としてしばしば用いられるのが文化である。たとえば近代美術を退廃芸術として禁止したナチスは、他方で「大ドイツ芸術展」を開催し、伝統的な写実主義的スタイルで描かれた絵画を真のドイツ民族芸術と定めた。また、近代国家において学校は、地域的にも職業的にも多様であった民衆から共通の言語や規範、価値、すなわち共通の文化をもつ国民を形成するうえで決定的に重要な役割を担った。第二次大戦中には、ドイツや日本で明確な政治的目的をもったプロパガンダとして「文化映画」が作られたし、アメリカのディズニーや日本の桃太郎のように、戦意高揚のためにアニメや物語が利用されることもあった。先ほど、権力は「正統あるいは正常な文化」と「異端あるいは逸脱的な文化」との区別をつくりだし、後者を禁止・規制することを述べたが、同時に権力は前者を推奨することによって、自らの作動をさらに円滑にすることを目指すのである。

このような権力の作動は、すでに権力が支配ないし優位性を確立している範囲内においてのものである。しかし、このような支配や優位性が確立していない状況においても、権力は自らの円滑な作動のために、文化の力を用いて人びとを飼い慣らし、対立や抵抗を減らそうとすることがある。その端的な例は、国際関係や外交など、異なる国家や民族どうしの関係にみられる。他国や他民族に対して影響力を行使するために強制的な力に訴えることには、明確な限界がある。たとえ圧倒的な軍事力があったとしても、それによって人びとを支配すれば、国際社会からの非難が起こるかもしれず、それ以上に支配される人びとの心を真に掌握することができないからである。そのことは、かつて植民地支配をした国々が採用した同化政策の失敗が示している。このような状況において効果を発揮するのは、文化の「魅惑」する力である。もし支配される人びとが、支配する人びとの文化に魅力を感じ、愛着を抱くならば、前者は後者を好意的にとらえ、すすんで服従するかもしれない。より一般的にいえば、A国の文化がB国の人びとによって親しまれ、A国のイメージがよいものであれば、そのことはA国のB国に対する政治的・経済的・軍事的・社会的プレゼンスを高めるのに役立つだろう。アメリカの国際政治学者J・ナイは、文化のもつこのような力のことを「ソフト・パワー」と呼んだ。ソフト・パワーとは、「強制や報酬ではなく、魅力によって望む結果を得る能力」のことである（ナイ 二〇〇四）。本章でこれまで述べてきた文化と権力との関係のなかでは、文化はもっぱら権力の介入を受ける側として位置づけてきたが、人びとを魅惑する文化は、それ自体が力の源泉となる。そしてそれは強制的な権力だけではとうてい不可能な、それでいて権力の安定的作動のために不可欠なこと——人心を掌握し、人びとの自発的服従を促すこと——を可能にする。

ソフト・パワー論はマッグレイの「クール・ジャパン」論でも言及され、外務省や経済産業省の日本文化推進政策の理論的根拠となったものだが、そう名づけられる前から、多くの政治家は文化のソフトな力を知悉し、活用してきた。その例をここで二つ示すことにしよう。

一八一四年、ナポレオンによるヨーロッパ制覇の試みが挫折した後、ウィーンで各国の代表が集まって今後のヨーロッパの秩序について話し合うために会議（ウィーン会議）が開かれた。このとき、フランス代表として参加したタレーランは、お気に入りの料理人A・カレームを同行させ、たびたび夕食会を開いて各国の代表に料理を振る舞わせた。この料理が評判を呼び、フランス料理が今日に至る世界的名声を得る契機となったのだが、老練な外交官であったタレーランは、各国の代表を美味しい料理で魅惑して外交交渉を有利にすることを意図して、カレームを同行させたのである。この会議の結果、フランスは敗戦国であったにもかかわらず、革命以前の領土を確保することになる。

もうひとつの例を戦後日本の歴史から挙げよう。二〇〇三年、アメリカのブッシュ大統領（当時）は、イラク戦争終結後の占領政策について行った演説の中で、太平洋戦争後の日本占領を自国の占領政策のモデルとして語った。この「成功」要因のひとつは、ソフト・パワーとしてのアメリカ文化にあったといえるだろう。占領期に『ブロンディ』のようなマンガを読み、あるいは一九五〇年代以降の『名犬ラッシー』や『パパは何でも知っている』などのテレビのホーム・ドラマを見た戦後の日本人は、それらの中に登場するダイニングやキッチン、家電製品などに取り囲まれるモダンな住宅を見、そしてその場所に住む気のよいパパとしっかり者のママ、そして子どもたちとが営む幸せな家族生活を見て、アメリカ的生活様式への憧れを大いに強めたのである。このようなマンガやドラマは、かつてアメリカの「敵」であった日本を、日常的な生活感覚のレベルで世界有数の「親米国」へと変貌させるうえで大きな役割を果たしたといえる（吉見　二〇〇七）。

本章の冒頭で、クール・ジャパンやクール・ブリタニアなど各国政府が積極的に文化にかかわり、それを推進しようとする現状について述べたが、その理由もここにある。他国の人びとに日常的な生活感覚レベルで働きかけ、それによって外交や経済を促進するソフト・パワーとして、ポピュラー文化が用いられているのである。この場合、権力はかつての国家のように「正しい文化」を定めてそれを人びとに押しつけるよりも、より効率的に、すでに「魅力」という力をもっている文化を取り込んで活用し、自らの作動を円滑にしようとする。

ただし、今日でも権力が「正しい文化」を規定しようとする場合もある。たとえば、スシをはじめとする日本食は世界に広く普及しているが、なかには日本食と呼びがたい料理を提供している日本食レストランもある。このような状況に対し、二〇〇六年ごろに農林水産省が、世界に「正しい和食」の知識を広め、日本の農林水産物や食品産業の輸出促進を図るため、世界各地の「正しい和食」を提供する店を認証する制度を設けようとした。しかしこのアイデアは種々の反対に遭って頓挫したため、それに替わって和食をユネスコの無形文化遺産に登録することが目指されるようになり、二〇一三年に登録が実現した。「ナショナルに正しい食」の認証制度はイタリアで、その無形文化遺産登録はフランスで、それぞれすでになされているが、これらは文化をソフト・パワーとして活用するなかで、権力が「正しい文化」を規定しようとする事例といえる。

権力が「正しい文化」を定めて広めようとする光景は、共通の文化をもつ「国民」を形成しようとする近代国家において典型的にみられる。ただしこの場合の権力とは国家権力のようなものだけを指すのではなく、学問やメディア、学校、各種団体など、さまざまな主体が行使するものであり、これらの主体が行使する権力の性質もまた、国家権力のそれのような強制的なものとは限らず、多様である。これらの多様な主体が多様な力を行使しながら、「国民」を形成するうえで基盤となる文化が推進され、あるいは創出されてきたのである（ホブズボウム／レンジャー 一九九二、吉見ほか 一九九九、渡辺 二〇一〇）。グローバル化に直面する今日の国家が「ナショナルに正しい文化」を定めようとする試みがどのような経緯をたどるかも興味深いテーマである。ソフト・パワーとしての文化というテーマについてはまだあまり研究されていないけれども、先述のとおり、歴史上それと同種の事例は少なからずある。ただし、先に戦後日本におけるアメリカ文化受容をソフト・パワーとしての文化の「成功例」として論じたけれども、この事例を単純に一般化することはできない。ヘゲモニックな異文化の受容は、受容する側の複雑な反応を引き起こすことも少なくないからである（ヘゲモニーについては二五〇頁を参照）。ヘゲモニックな関係の中での異文化受容の過程について、さらに研究を積み重ねてゆく必要がある。

グローバル化時代の文化と権力

グローバル化が進む今日、世界の文化はますます密接に関係しあうようになっている。その関係のひとつのとらえ方として、かつて文化帝国主義論と呼ばれる議論があった。この議論は、おおよそ次のように主張する。すなわち、世界のなかで政治的・経済的・軍事的に支配的な地位にある国の文化が、そのヘゲモニックな地位ゆえに広まることにより、ローカルな文化が駆逐され、その支配的地位が文化的に強化または正当化される、と。この場合、帝国は他の国や地域に対して、かつての帝国主義国家が植民地にそうしたように強制的に文化を押しつけるわけではなく、その文化がもつヘゲモニックな力ゆえに浸透してゆく場合が多い。しかしその文化を受容する側からは時に大国の文化的侵略と受け止められ、非難の対象となることもあった。この種の議論における「帝国」とは、ほぼもっぱら欧米、とりわけアメリカを指し、アメリカ文化の象徴として槍玉に挙げられるのはマクドナルドやコカ・コーラ、ディズニー、CNNなどであった。この議論の延長上で、文化のグローバル化とは、実のところかなりの程度アメリカ化に他ならず、それによって世界中の諸文化が画一化されるという議論が展開されてきた。

今日の社会学や関連分野のなかで、この種の議論はかつてほど支持されていない。なぜなら、それは文化のグローバル化の過程をあまりに一方向的かつ一元的にとらえているからである。「クール・ジャパン」の例をみてもわかるように、現代世界における文化の流れは、けっしてアメリカから世界へ拡散してゆくだけではないし、また「グローカル化」という言葉が語られるように、グローバルなものがローカルな文脈に導入される際に、その意味や用法が変えられたり、ローカルなものがグローバルなものに抵抗したり、それとの接触をつうじて再創造されることもある。文化のグローバル化は、かつての文化帝国主義論が想定していたよりも多方向的かつ多元的な過程である。

しかし、多方向的ということは無方向的ということを意味するわけではない。たしかに世界に広まるのは、もはやひとつないし少数の大国の文化だけではないが、かといってどのような国の文化も同じ程度に広まっているわけでもない。たしかに、個別にみれば世界中のさまざまな文化が目まぐるしく流通している。たとえば筆者の勤務する大学には、アフリカの太鼓「ジャンベ」のサークルがあり、大学近くにはヴェトナム料理やラオス料理のレストラン、世界中の岩塩を売る店などがある。近所のスーパーでは世界各地から送られてきた食材を買うことができるし、街中に行けばマクドナルドやスターバックスもあれば、ベネトンやザラなどもある。インターネットにアクセスすれば、ほとんどあらゆる国の文化を見たり聴いたりすることができる。つまり日常生活の範囲で、世界各地の文化に日々接しているような状況なのである。世界の多くの国の多くの場所でも、多かれ少なかれ似たような状況だろう。

しかしグローバルに流通する世界のさまざまな文化は、等しく同じ地位を享受しているわけではない。世界的にポピュラーになる文化の数は限られており、多くの文化は少数の人びとによって細々と関心を持たれるだけである。今日、日本のマンガ・アニメや韓国のドラマは世界の多くの地域で流通しているが、それは世界における両国の地位と無縁ではないだろう。今日の世界における文化の流れが多方向化したのは、端的に世界が多極化したからであり、文化のグローバルな流通がヘゲモニックな力によってある程度条件づけられるという点では、かつても今もそれほど変わっていない。文化を世界に流通させる力は文化それ自体（のみ）に内在するわけではなく、その文化が流通するグローバルな世界の構造に規定されている。スシが今日、世界の多くの国で消費されているのは、それらの味が美味しいからというだけではなく――美味しいものは世界にたくさんある――、豊かな消費生活が享受されるようになった世界の多くの都市において、スシが「手軽」「ヘルシー」「クール」といったイメージと結びつき、効率や健康、外見を重視する都市的生活スタイルと合致したからであり、このイメージが、それらの味を美味しく感じるようにわれわれの味覚をも変えるのである。このような都市的生活スタイルが一般化していない地域では、スシが喚起するイメージはクールさではなくエキゾチシズムだろう。グローバル化とはその中を世界中の文化が行き交う真空のようなものではなく、それ自体がさまざまな関係によって構造化されている。ある文化の世界的流通を可能にするのは、この関係を規定するヘゲモニーの力である。そしてグローバルに流通しながら、この文化はある場所ではイメージを変えて受容され、別の場所ではローカルな文化の創出を触発し、また別の場所では端的に拒絶されるだろう。

文化のグローバル化は、一見「何でもあり」のカオスのようにみえる。しかし、そこにはさまざまな特異な流れのパターンがあり、その流れの集積として文化のグローバル化がある。文化は、この関係のなかで力を行使される対象であると同時に、それ自体が関係を形成し、創出する力の源泉でもある。グローバル化時代における文化と権力との関係を明らかにするために、文化帝国主義論やグローバル化論の諸議論を批判的に読み直すと同時に、文化のグローバル化の流れを見極めることが必要となるだろう。

引用・参照文献

L・アルチュセール　二〇〇五『再生産について――イデオロギーと国家のイデオロギー諸装置』西川長夫ほか訳、平凡社。
M・ウェーバー　一九七二『社会学の根本概念』清水幾太郎訳、岩波文庫。
A・グラムシ　二〇〇一『グラムシ・セレクション』片桐薫編訳、平凡社ライブラリー。
J・S・ナイ　二〇〇四『ソフト・パワー――21世紀国際政治を制する見えざる力』山岡洋一訳、日本経済新聞社。
永井良和　一九九三「カラオケボックスに穿たれた窓――青少年条例と自主規制の動向」『現代のエスプリ』三一二。
中河伸俊・永井良和編　一九九三『子どもというレトリック――無垢の誘惑』青弓社。
M・フーコー　一九七七『監獄の誕生――監視と処罰』田村俶訳、新潮社。
E・ホブズボウム／T・レンジャー　一九九二『創られた伝統』前川啓治ほか訳、紀伊國屋書店。
D・マッグレイ　二〇〇三「〈ナショナル・クール〉という新たな国力〉世界を闊歩する日本のカッコよさ」神山京子訳、『中央公論』一一八（五）。

森達也　二〇〇三『放送禁止歌』光文社、知恵の森文庫。
吉見俊哉　二〇〇七『親米と反米――戦後日本の政治的無意識』岩波新書。
吉見俊哉・平田宗史・入江克己・白幡洋三郎・木村吉次・紙透雅子　一九九九『運動会と日本近代』青弓社。
渡辺裕　二〇一〇『歌う国民――唱歌、校歌、うたごえ』中公新書。

おすすめ文献

A・アパデュライ　二〇〇四『さまよえる近代――グローバル化の文化研究』門田健一訳、平凡社。
E・サイード　一九九三『オリエンタリズム』上・下、板垣雄三・杉田英明監修、今沢紀子訳、平凡社ライブラリー。
J・トムリンソン　二〇〇〇『グローバリゼーション――文化帝国主義を超えて』片岡信訳、青土社。

II

メディアとシンボルの世界

6 メディアの変容
若者のケータイ・スマホ文化とキャラ的コミュニケーション

土井隆義

常時接続のためのメディア

ケータイやスマホは、現代の若者たちが人間関係をマネージメントしていくために、いまや必須のツールとなっている。ケータイが使われ始めた当初はまだメールが主流だったが、ネットへの接続機能が充実してくるにつれ、プロフやブログ、ネット掲示板、あるいはチャットなどもそれに加わった。さらに最近は、スマホの登場によって二四時間の常時接続が可能なアプリケーションも使われるようになり、人間関係の濃密化が加速している。

これらのネット機器を介して、若者たちはつねにお互いの息づかいを確認しあっている。メールが主流だった頃には、いわゆる「即レス」がマナーのようになっていたが、いまやスマホのアプリケーションでは、自分の発言を相手が読んだかどうかを、リアルタイムで即座に確認することができる。彼らにとって、ネットでの交流の目的は、何か特定の用件を相手に伝えることにではなく、お互いに触れあうことそれ自体にある。だから、即時に反応を示さないことは、いわばタッチしてきた相手の手を振り払うような行為とみなされてしまうことになる。

本来、ネットとは、多種多様な人びとが、時間と空間の制約を超えて、お互いにつながりあうことを容易にした開放的なシステムである。しかし近年は、身近な仲間どうしが、時間と空間の制約を超えて、お互いにつながりつづけることを容易にする閉鎖的なシステムとして使われる機会も増えている。とりわけ、ケータイやスマホを端末として用いる場合はそうである。仲間内で相手の反応を二四時間ずっと確認しあっているので、ネット上においてすら、その外部に人間関係を築くだけの時間的余裕も、そのエネルギーも残されていないことが多い。

もちろん、若者たちのなかには、非日常の人間関係を求めて出会い系サイトやSNSにはまったり、ゲームや動画などのコンテンツ系サイトにのめり込む人たちも見受けられる。しかし、ネットを介して非日常の関係を追い求めるのは、日常の関係に強い疎外感を覚えているからである。だから、それを代替してくれるバーチャルな関係をネット上に求めるのである。人間関係に対して強いこだわりをもっているという点では、日常のリアルな関係をマネージメントするためにネット機器を駆使している若者たちと、じつは同じ心理的な指向性をもっている。

また、ゲームや動画などのコンテンツ系サイトにのめり込む若者たちにおいても、じつはそれを媒介にして、新たな出会いを求めているケースがけっして少なくない。コンテンツ自体の魅力にはまる若者たちですら、他の参加者から自分を認めてもらいたいという関係欲求を強く抱いていることが多い。いずれにせよ、つねにネットにつながろうとする背後には、嗜癖とでも呼ぶべき人間関係に対する過度な依存がみられるのである。

つねに誰かとつながっていたいという欲求が、ネット環境によって満たされやすくなったのは事実だろう。ネットのおかげで、いまや私たちはいつどこにいても、つながりたい相手と即座に接続することが容易になった。しかし、いつでも誰かとつながれる環境が用意されたおかげで、皮肉にも一人でいるときの孤立感は逆に強まっている。いつでも連絡がとれるはずなのに誰からも反応がないとすれば、それは人間的な魅力が自分にないからではないか。そう感じてしまうのである。

このように、近年のネット環境が、人間関係を煽っている側面を否定はできない。しかし、人間関係への依存が強まっている理由は、それだけではないはずである。そもそも、これだけネット環境が急速に発展したのも、現代の人びとが、とりわけ若者たちが、人間関係の濃密化を追い求めてきた結果といえるからである。たとえば、ケータイが普及する直前の一九九〇年代には、若者たちの間でポケットベルが大流行した時期もあった。当初はビジネスマン向けの簡単な呼び出し装置にすぎなかったポケベルに、またたく間に多彩な文字の表示機能が搭載されるようになったのは、マーケット・リサーチによって若者たちの切実なニーズを摑んだ製品開発の結果だった。

では、今日の若者たちが、常時接続された人間関係の維持に躍起になっているのはなぜだろうか。つねに誰かとつながっていなければ安心できず、一人でいる人間には価値がないと考えてしまうのはなぜだろうか。

加速する人間関係の流動化

私たちは、社会を近代化させていく過程で旧来の制度や規範へのこだわりを弱め、それらに縛られない多種多様な価値意識をもつようになった。その結果、地縁や血縁などの伝統的な共同体も、あるいは学校や職場のような社会的な団体も、かつては強かった拘束力を徐々に弱めていった。友人関係のような自発的につくりあげられる集団も、その自由度をだんだんと高めていった。そして、二〇〇〇年代に入って新自由主義の時代が到来すると、その変化はさらに一気に加速する。諸々の規制緩和によって社会の流動化が急激に進み、人間関係もまた既存の組織や枠組みに縛られなくなった。

それ以前を振り返ってみれば、同じ地域の住民だから、同じ親族の一員だから、同じ会社の社員だからと、社会的な枠組みに同じく属することが、友人や仲間との関係を支える強力な基盤となっていた。いいかえれば、私たちの人間関係は、その多くが社会的な制度に強く縛られていた。たとえば、子どもたちの通う学校でも、同じクラスの生徒なのだから友人でなければならないとか、同じ部活の一員なのだから仲間でなければならないとか、そういった規範的な圧力が少なからず存在していた。

もちろん、現在でも、子どもたちが友だちをつくる最初のきっかけは当時とさして違っていない。しかし、その後の関係を維持していく上で、制度的な基盤がはたす役割は大幅に小さくなっている。同じクラスの生徒だからといって、自分と気の合わない相手と無理して付き合う必要などないし、同じ部活の先輩だからといって、その意向に無理に合わせる必要もない。制度的な枠組みの拘束力が弱まって、そう考える子どもたちが増えている。

しかし、自分が好まない相手との関係に縛られることがないという事情は、当然ながら相手の側にもまた同様に当てはまる。関係が自由化すると、たとえ同じクラスの生徒でも相手が自分と付き合ってくれる保証はなくなるし、たとえ同じ部活の先輩でも相手が自分を守ってくれるとは限らなくなる。付き合う相手を自分が選択できる自由は、その相手から自分が選択してもらえないかもしれないリスクとつねにセットである。制度的な枠組みが強制力を失うと、付き合いが自由になる一方で、かつてのような安定性をそこに期待することも難しくなるのである。

また、かつて制度的な枠組みによって人間関係がきつく縛られていた時代には、人によってその幅にあまり差異がなかったともいえる。しかし、既存の枠組みに人間関係が縛られなくなったということは、その枠組みが人間関係の基盤として機能しなくなり、安定した関係を保証してくれなくなったということでもある。その結果、いわゆる対人関係を器用にこなせる人物と、そういった社交術に疎くて不得手な人物との間に、大きな格差が生まれてくることにもなる。

とりわけ、子どもたちが生活時間の大半を過ごす学校では、お互いに閉鎖的な空間のなかに置かれ、付き合う相手の範囲も限定されているため、人的資源のゼロサム的な奪いあいになり、一般社会よりも関係の格差が目立ちやすい環境にある。そのため、友だち関係を幅広く営むことができない子どもにとっては、周囲からの孤立感がさらに深まっていきやすい。かつて制度的な枠組みに人間関係が縛られていた時代には、一人でいることは「一匹狼」として羨望の対象にもなりえたが、いまや一人でいることは「独りぼっち」として軽蔑の対象にすらなってしまう。人間関係の自由度は増したのに、その自由な世界で豊かな関係を築けないのは、個人的な能力や資質、魅力に問題があるからではないかとみなされがちだからである。

こうして、人びとの間に生じた関係格差が、とりわけ若者たちの間では、あたかも人間としての価値を測る物差しであるかのような感覚が広がっていく。たとえば、フェイスブックなどのSNSを駆使して絶えずつながりを保持しようとしたり、ツイッターなどでフォロワーの数を過剰に気にかけたりするのも、おそらくそのためだろう。自分には承認を与えてくれる他者が周囲にいるのか、さらに、そんな他者に囲まれた人間だと周囲からみなされているのか、いわば二重の意味で、他者からの評価を過剰に気にかけているのである（浅野 二〇一一）。

加速する価値意識の多元化

たしかに今日の日本では、たとえば三〇歳を過ぎて独身でも、世間から白い目で見られることは少なくなった。また、コンビニエンスストアなどが普及して、単身者でも生活しやすい社会になった。しかし、そうやって人間関係の自由度が高い社会になったからこそ、逆につねに誰かとつながっていなければ安心できなくなってもいる。そして、もしそれができないと、自分は価値のない人間だと周囲から見られはしまいかと他者からの視線に怯え、また自身でも、自分は価値のない人間ではないかと不安におののくようになっている。その意味で、じつは今日は、一人で生きていくことがかつて以上に困難な時代だといってもよい。

もっとも、人間関係に対して敏感になった理由は、その自由化だけにあるのではない。そもそも、制度的な枠組みの拘束力を弱め、人間関係を流動化させたのは、社会の近代化にともなって進行してきた価値意識の多元化だった。その結果、現在の日本では、かつてより多様な生き方が積極的に認められるようになっている。先ほど指摘した新自由主義の到来も、じつはその流れを加速させたにすぎない。しかし、それは同時に、かつてのように安定した人生の羅針盤が、現代ではなかなか見つかりにくくなったことも意味している。

明確な評価の物差しが社会に存在していた時代は、それを自分の内面に取り込んで自己評価の拠り所とするにせよ、あるいはそれに反発を示して攻撃の対象とするにせよ、いずれにしてもその物差しを標準器として利用することで、自己確認の基盤を確保することが割合に容易だったといえる。たとえ自分の信念に従って生きているつもりの人であっても、その信念の根拠は自身の単なる思い込みにあったわけではなく、社会的な価値基準との関係のなかで客観性を担保されていた。だからこそ、それは時々の自分の気分に左右されることなく、つねに一定の方向を指し示す人生の羅針盤となりえたのである。

このように、安定した人生の羅針盤が個人の内面に存在していた時代には、人びとはそれを判断の拠り所にすることで、たとえ自分が所属する集団の人間関係に強く縛られていたとしても、そこから受ける評価を過剰に気にしなくてもすんでいた。社会的にみて、自分が進んでいる方向には普遍的な正しさがあると思えたので、たとえそのときは周囲の人たちに理解されなくても、いずれはわかってもらえるはずだと素朴に期待をかけられたのである。

ところが、今日のように価値意識が多元化してくると、自分がどんな選択肢を選んだとしても、それを選んだことに安定した根拠を見出せなくなってしまう。別の選択肢の可能性がいつまでも意識のなかに残り、いま自分が選んだものが絶対とは思えなくなる。このとき、人びとは、身近な他者の評価にすがることで、自らの選択の客観性を少しでも確保しようとする。自らの判断が妥当であったことの根拠を、そこに求めようとするのである（リースマン　一九六四）。

今日では、いつも場の空気を読んで周囲の人たちの評価を確認しなければ、いま自分が向かっている方向は本当にこれでよいのか、その確証を得ることが難しくなっている。自分が進むべき方向についての迷いを解消するため、周囲の反応を絶えずうかがって、それを自分の物差しにせざるをえない。その結果、他者からの承認の比重が増し、それを得られるかどうかに強い不安を覚えるようになっている。そして、承認を得られない人間には価値がないかのような感覚を抱くようになっている。

このように、現代を生きる人びとは、自由化の帰結として不安定になった人間関係をマネージメントするために他者の反応に敏感になっていると同時に、また多元化の帰結として曖昧になった価値評価の物差しを明確なものとするためにも他者の反応に敏感になっている。二重の意味で、人間関係のユートピア化は、また同時にそのディストピア化も招いたのである。そして、そのような感性の変容の最先端にいるのは、いつも若者たちである。彼らは、人生のステージにおいてたんに多感な季節を生きているというだけでなく、そもそも社会の変化に適応しなければ、これからの時代を生き抜いていけないことを肌身で感じている存在だからである。

キャラというシンボル操作

このような状況の下で、たまたま運よく職場や学校での人間関係に恵まれた若者や子どもたちは、その人的資源をけっして手放すまいと躍起になり、帰宅後もネットを介してお互いにつながりつづけ、つねに相手の動向をうかがっている。また、そういったリアルな人間関係に恵まれない若者や子どもたちは、ネットを駆使して代替の人間関係を得ようとし、そこでの反応を過剰に気にかけている。人間関係の多寡こそが自分の人間としての価値を決めると思い込んでいる点ではどちらも同じであり、孤立することに対して大きな不安を抱え込んでいるのである。

リアルな日常の人間関係に恵まれず、「ネットおたく」と呼ばれるような若者たちは、たしかに人間関係から疎外されていると形容されてよいかもしれない。しかし、リアルな日常の人間関係に恵まれ、「リア充」と呼ばれるような若者たちも、じつはそれ以外の選択肢をもちえず、人間関係の煩わしさから自由になりえないという点において、いわば人間関係への疎外に悩まされているといえる。

ところが、このように人間関係を重視する傾向がかつて以上に強まっている一方で、それを円滑に営むことも、今日ではかつて以上に難しくなっている。なぜなら、先ほど指摘したように、価値意識が多元化するなかで、お互いが依って立つ地平がまったく異なるようになっているからである。二〇〇〇年を挟んで若者から絶大な人気を博した歌手、浜崎あゆみの歌に、「僕が絶望感じた場所に、君はきれいな花見つけたりする」という詞があるが、このような状況下では、かつてのような「あ・うん」の呼吸など成立しえない。いわばお互いに異文化状況に置かれているようなものだからである。

このように困難な状況下を、昨今の若者たちはお互いにキャラをたて、それを演じあうことで生き抜こうとしている。ハローキティやミッフィーなどを想起すればわかるように、最小限の線で描かれた単純な造形であるキャラは、私たちに強い印象を与え、全体像の把握も容易である。それは生身の人間の場合も同様であって、あえて人格の多面性を削ぎ落とし、最小限の要素だけで性格を描き出したキャラは、単純明瞭でデフォルメされたものであるがゆえに、周囲の人びとに自らの存在を強く印象づけてくれる。また、単純なイメージで人格を固定してやれば、お互いの反応が予想しやすくなり、人間関係の見通しもよくなる。キャラは、複雑化した人間関係に安定した枠組みを与えてくれるのである。

キャラとは、人間関係の先行きが不透明化し、不確実性が増しているなかで、それでも人間関係を破綻させることなく、なめらかに運営していくためのシンボル操作のひとつである。また、集団のなかに自分の居場所を確保するための工夫ともいえる。それは、人間関係への不安を背景に、お互いに価値観を異にした人間どうしが、それでもコミュニケーションをスムーズに回していくための相互作用の技法のひとつなのである（土井 二〇〇九）。

そして、とりわけネットの世界では、アバターと呼ばれる分身もしばしば置かれるように、シンボル操作が容易におこなわれやすい。そのため、人物のキャラ化も促進されやすい。意図された特定の情報だけを送受信し、一面的な人格イメージをつくりやすいからである。日常の雑多な情報を切り捨てることで、イメージを純化させやすいのである。単純化されたキャラにとって、多種多様な情報はかえってノイズになるが、ネット・コミュニケーションにおいては、そのノイズのカットが容易である。しかし、だからこそ、キャラ化された人間関係の落とし穴も、ネット上では顕在化しやすくなるといえる。

かけがえのなさからの疎外

キャラとは、人間関係というジグソーパズルのピースのようなものである。個々のピースの輪郭は単純明瞭であるが、それぞれが異なってもいるため、他のピースとは取り替えがきかない。ピースがひとつでも欠けると全体の構図は損なわれてしまうので、集団のなかに独自のピースとして収まっているかぎり、自分の居場所が脅かされることはまずないといってよい。

しかし、それぞれのピースの形が、全体の構図のなかに収まるようにあらかじめ定められているという点に着目するなら、もしまったく同じ輪郭のピースが他のどこかで見つかれば、それは自分のピースと置き換えが可能ということでもある。現在の若者たちは、そのような状況を「キャラかぶり」と称し、なるべく回避しようと細やかな神経を使う。自分と同じ輪郭のキャラの登場は、集団内での自分の居場所を危うくするからである。

したがって、逆にいくら強い個性の持ち主で、どれほど特殊なキャラを示せる存在だとしても、集団内であらかじめ配分されているキャラからはみ出すことは、やはり同様に避けようとする。全体の構図のなかにうまく収まらないと、自分の居場所を危険にさらすことに違いはないからである。このように、キャラ化された世界においては、それが他ならぬ自分でなければならないという代替不能性が保証されることがない。その点からいえば、キャラとはじつは匿名的なものだともいえる。ここに、予定調和を重んじる人間関係の落とし穴がある。

予定調和の世界とは、確かに見通しもよく、落ち着きのよいものかもしれない。しかし、そこにはあらかじめ想定された枠組みに収まりきらないような、本来の意味での多様性が存在しえない。だから、キャラの輪郭さえ合致するなら、ここにいるのは自分でなくてもよかったのかもしれないという不安が生まれてくる。コンビニエンスストアやファストフードの店員が、店のマニュアルに従って動いてさえいれば、ここにいるのは自分でなくてもよかったかもしれないという疎外感を抱くのと同じことで、自分の単独性がそこでは保証されえないのである。

近年、日本では、暴走した青年による無差別殺人事件が何件か相次いだ。そのなかでも多くの人びとの脳裏に強く焼きついているのは、おそらく東京の秋葉原で二五歳の青年が一七人を連続殺傷した事件だろう。彼は、ケータイを駆使して、理想的なキャラをネット上で演じることに汲々としていた。しかし、それがいくら目立つキャラだったとしても、そこに単独性は保証されえなかった。そのため、自分に成りすました人物によるいたずらの書き込みによって、ネット上での自分の存在を打ち消され、自分のかけがえのなさから疎外されていった。

この青年は、日常世界での人間関係に対する不全感を埋め合わせるかのように、ネット上の他者に対して安定した予定調和の関係を追い求めていた。しかし、結局はそこからも疎外されることで、さらに孤立感を強めていくことになる。そして、ついに「自分という人間の存在を認めよ」と叫び、自らの存在感を誇示するための凶行に走ってしまった。彼は、犯行に至る前に、「きょうも華麗に無視されています　皆さん、私の存在そのものを否定していますよね」と、ネット掲示板につぶやいていた。犯行後に供述した「殺すのは誰でもよかった」という彼の言葉と併せてみれば、彼の孤立感と絶望感の底深さが透けて見えるようである。

そもそも、私たちの人間関係は、しばしば「雨降って、地固まる」などと形容されるように、お互いに衝突する経験を通じて再構築され、次のステージへとバージョン・アップしていくものである。しかし、あらかじめ衝突の危険性を回避し、予定調和の関係を営んでいるかぎり、その付き合いがレベルアップされ、深まっていくことはありえない。良くも悪くも初期設定された人間関係が、既定のバージョンのまま延々と続くだけである。

たしかに、ケータイもスマホも、非常に便利なメディアである。生活を豊かにしてくれる道具なのだから、それなりに有効に活用すればよいだろう。しかし、ネット上でいくら濃密な関係を紡いでも、かけがえのない自分に対する疎外感から抜け出すことはできない。私たちは、そのことにも留意しておくべきである。むしろ逆に、意外性に満ちた日常のなかにこそ、単独性の根拠は存在しているものである。そして、その単独性を獲得するためには、たとえつまずきながらであっても、リアルな人間関係を地道に歩んでいくしかない。ネットを使いこなし、ネットに使いこなされないためには、そのことをつねに自覚しておかなければならない。

参照文献
浅野智彦　二〇一一『趣味縁からはじまる社会参加』岩波書店。

土井隆義　二〇〇九『キャラ化する／される子どもたち――排除型社会における新たな人間像』岩波書店。
D・リースマン　一九六四『孤独な群衆』加藤秀俊訳、みすず書房。（→二〇一三、改訂訳版、上下）

おすすめ文献

浅野智彦編　二〇〇六『検証・若者の変貌――失われた10年の後に』勁草書房。
岩田考・羽渕一代・菊池裕生・苫米地伸編　二〇〇六『若者たちのコミュニケーション・サバイバル――親密さのゆくえ』恒星社厚生閣。
岡田朋之・松田美佐編　二〇一二『ケータイ社会論』有斐閣。

プロセスとしてのアート

藤澤三佳

フランスの画家ジャン・デュビュッフェは、一九四〇年代に、正式の美術教育を受けていない人の直接的、無垢、生、未加工の芸術を意味して「アール・ブリュット」と命名し、それは「アウトサイダー・アート」と英訳された。この定義そのものは曖昧なものであるが、例えば、この名称のもとに収集された作品には、精神科の患者や知的障害者が創作したものが多い。それらは、以前は、精神科の患者が描いた絵であれば、医療の世界で診断等に用いられていたが、近年は「アウトサイダー・アート」の「作品」として多くの人々によって鑑賞されるようになり、アート領域と、医療・福祉領域の交差領域に存在する。

日本では、主に一九九〇年代に入ってから、その作品の展覧会等が、また一九九五年を過ぎてから社会的ムーブメントといえるような活発な動きが始まった。人々にとっての魅力は、何といっても今までもっていたリアリティを揺るがすことも多い作品のインパクトの大きさであろう。それは、表現者が必ずしも「作品」と思わずに、評価を気にすることなく、「描かずにはおられない切実なもの」を表現しているので、人々にとって既視感がない作品が多いからである。

ハワード・ベッカーは、『芸術世界』（一九八二）のなかで、慣習体系をまったく知らないので、完全に無視して仕事をする芸術家を「ナイーブ・アーティスト」として類型化し、「これらの仕事が保護される最も重要な方法は、あまり起こりえないことであるが、芸術世界のメンバーがそれに関心をもつことである」と述べている。アウトサイダー・アートが、アートの世界のメンバーによって「発見」されてきたことは、ベッカーの指摘が当てはまる例であろう。

さらに、このアートの世界による「発見」の歴史、高額な作品の売買といった市場の形成等とは別に、医療の世界では、とくに一九七〇年代以降、作業療法や芸術療法といったものが発展し、制度化されてくる。しかし、これらの発展や制度化は、ともすれば表現者の無心に表現する「生」のプロセスから切り離されがちな枠組みになる。

表現者の「生」を扱うために、社会学、人間学における考察も必要であろう。筆者も精神科患者や知的障害者の作品の展覧会を彼らとともに開催しながら研究をおこなってきた。そのなかで、単に「作品」だけをアートとするのではなく、表現者が他者と関わりながらどのようなプロセスで表現し、生きる意欲をとり戻すかを「プロセスとしてのアート」という概念でとらえてきた（藤澤三佳『生きづらさの自己表現――アートによってよみがえる「生」』晃洋書房、二〇一四）。

医療、アートのどちらの世界にも特有の社会的規範が存在しており、そこに吸収される限り、アウトサイダー・アートの最大の魅力、つまり、現実世界の規範から自由な、ヨハン・ホイジンガがいうような、無心な「遊び」的要素が少なくなる。しかし、この現実的世界に沿わない表現行為によって、例えば精神科において症状とよばれる現象がかえって軽減し、またアート表現としてみても、人に感動を与えるものになるという現象がみられる。

また、たとえ現実の社会のなかで困難な状態に置かれ、言語によるコミュニケーションがうまくいかない人びとであっても、その他の表現のなかでは、現実の社会において困難であったことを自由に想像して描くことができる。ジョン・デューイは、『経験としてのアート』（一九二〇）において、芸術は人間の想像的経験の所産であり、実際的配慮に支配される日常世界のなかでは得がたい経験をもたらし、またそこにはさまざまな可能性についての想像力豊かなヴィジョンが含まれ、一種の予言でもあると述べている（井上俊『スポーツと芸術の社会学』世界思想社、二〇〇〇）。それは、現実の社会規範のなかでは息も絶え絶えになっている「自由」の息を吹きかえらせ、他者は共感を通して「多様な生」や表現を知ることができ、そこから社会的な変化も生じるであろう。

7 映像文化の三つの位相
見ること、撮ること、撮られること

長谷正人

流動化する映像文化

現代社会は、「映像」に満ち溢れている。テレビから流れてくる世界中のニュース映像、映画館で上映されるさまざまな映画作品、都市の街頭で購買を誘ってくる広告ポスター、自分がパソコンや携帯電話にデータとして保管し、ときに友人たちと共有する無数の日常記録写真、女子高生がノートにびっしりと貼りつけたプリクラ写真、そしてインターネットの動画配信サイトで流される、自分が踊る姿を撮った自己表現映像に至るまで、「映像」は単に見て楽しむ大衆娯楽や芸術というよりは、いまや私たちの社会生活やコミュニケーションを成り立たせる基本的な要素となっているといえるだろう。

とりわけ一九九〇年代以降、デジタル（スチル）カメラ、デジタルビデオカメラ、カメラ付き携帯電話など、誰もが手軽に使える映像記録機器の大規模な社会的普及によって、私たちはそれ以前のように、プロが撮った写真や映画を「見る」ことを楽しみにするだけでなく、自分自身が日常生活のときどきを「撮る」ことで記録・保存するという楽しみを覚えてきた。いわば映像文化における、公的空間から私的空間への拡張が起きたのだ。したがって私たちの生活のなかでは、大量複製された公的な報道・商業写真と、たった一枚しかない私的な記録写真が入り混じって存在し、さらに映像のデジタル化は、スチル写真とムービー写真との境界を曖昧にしつつあるなど、さまざまな意味で映像文化は流動化しつつある。

このような技術的・文化的な流動化が引き起こした映像のカオス的状況の渦中にあって、もはや写真と映画というメディアによる質的な相違や、プロによる商業作品と素人の記録写真という美的価値による優劣などを前提に映像文化を考えることは、かつてほどの意味を失ってしまったように思える。だからここでは思い切って、そうしたさまざまな質的な違いを無視して、映像文化を単純に「見ること」（鑑賞者）、「撮ること」（撮影者）、「撮られること」（被写体）という、人間が映像に接するときの三つの位相から考えることにしたい。

この三つのなかで「見ること」としての映像文化は、商業映画や広告・報道写真やテレビ番組として、二〇世紀の大衆文化の中心的な役割を果たしてきたといえるだろう。鑑賞者・消費者としての私たちは、この作品が好きだとかあっちの方がこっちよりも優れているとかいった、さまざまな価値判断を下すことで受容者による映像文化を形づくってきた。これに対して、「撮る文化」としての映像は、そうして鑑賞者として見た映像作品を模倣して、アマチュアたちがいかにプロのようにに巧みにつくるかという

「趣味」の文化として（サークル活動やコンテストにおいて）発展してきたといえるかもしれない。その意味で「撮る文化」は、「見る文化」に従属する位置にあった（むろん現在では、「撮る文化」が「見る文化」への従属から解放されて私的表現の文化として自立したのである）。また、「撮られる文化」としての映像は、街の写真館などで着飾って撮られる記念写真や学校で整列して撮られる集合写真、あるいは証明写真などにおいて発展してきただろう。近年におけるプリクラ写真は、こうした公的な「撮られる文化」が、日常的な私的写真に流用されたものといえるかもしれない。

こうして映像文化を、「見ること／撮ること／撮られること」という三つの位相からとらえることは、映像作品の内容を分析することよりも、一九世紀以降人間社会が映像を使ってどんな文化をつくりあげてきたかを、ずっと広い視点からとらえることを可能にするはずである。それではこれから、三つの位相を順次見ていくことにしよう。

「見ること」としての映像文化

映像文化の中心には、間違いなく「見ること」がある。誰もが映像を撮ったり撮られたりする経験よりは、「見る」経験の方がずっと数多くあるはずだ。複製されたり放送されたりした映像を「見る」という経験を、地域を超えた多くの人びとが共有することで近代の大衆社会は成り立ってきた。総理大臣やローマ法王の姿も、エッフェル塔のような名所旧跡の光景も、「モナリザ」のような名画も、殺人事件の現場の様子も、女優や歌手の顔も、まずは映像として見られることで、社会に流通していく。

したがって映像を「見る」ことに関しては、多くの感想、批評、研究の言葉が費やされてきた。映像文化とは、それを見た者たちが他人に向かって差し出す、「あの人をニュースで見た？」とか「これっていい写真だね」といった感想・批評の言葉の膨大な蓄積であるとさえいえるかもしれない。

そうした批評的言説の中でも最も洗練されたものとして、例えば、アルフレッド・ヒッチコック監督の映画作品『サイコ』（一九六〇）で、ジャネット・リーの演じる主人公がシャワールームで殺される場面が、どのようなカメラワークや演出や音楽によって私たちを恐怖させるかを事細かに分析するものや（ヒッチコック／トリュフォー　一九九〇）、ロバート・キャパがスペイン市民戦争の最中に兵士が銃で撃たれる瞬間をとらえた有名な写真「崩れ落ちる兵士」（一九三六）が、実は演習中に転んだ兵士をとらえた虚偽の報道写真にすぎないという事実を明らかにするもの（沢木　二〇一三）がある。

だが、そうした批評や研究による映像解釈は、「見る」という感覚的体験を「言葉」に還元してしまうところがある。はじめて『サイコ』のシャワールームの殺人場面を見たとき、あるいは「崩れ落ちる兵士」の記録写真を見たときに、私たちは「言葉」にならないような驚きやショックを感じたはずだ。しかしヒッチコックがいかに巧みなテクニックを使って私たちを恐怖させたかを明らかにしたり、キャパの写真が演習中に撮影されたものにすぎないことを明らかにしたりすることによって、そうした私たちの驚きやショックは、作家によって操作された偽の感情にすぎないという合理的な説明が与えられることになる。あなたたちは映像という虚構に騙されたにすぎないんですよ、というわけだ。

しかしそうした映像体験に対する合理的な説明は、なぜ人間がそのような非合理的な恐怖やショックを映像から受けたのか、さらにはなぜ人間はそのような非合理的存在であるのかという問いを封殺してしまう可能性がある。もし私たちが、映画や写真の専門家としてではなく、映像文化とは何かという社会学的視点から映像に接近しようとするのであれば、こうした映像体験の非合理的な意味を探るような根源的な問いから思考を出発させた方がよいだろう。

事実、一八三〇年代末に写真が発明され、一八九〇年代に映画が発明された直後、それぞれ人びとは映像を見ることによって驚きやショックを受けていたことが知られている。例えば、写真が発明された後一八五〇年代から六〇年代にかけて、西欧社会では名刺版写真（カルト・ド・ヴィジット）が大流行し、多くの人びとが写真館で自分の肖像写真を撮ってもらって持ち歩いたり、複製された有名人の肖像写真を買ってコレクションを楽しんだりしていた（バジャック　二〇〇三）。ところが、その頃パリで有名な写真師だったナダールによれば、多くのブルジョワ紳士たちはしばしば自分が撮ってもらった肖像写真を見てこれは自分ではないと強く言い張り、代わりにいかにも立派そうに見える他の紳士の写真を渡すと、これが自分だと信じて喜んで持ち帰ったという（ナダール　一九九〇）。

なぜこんなことが起きたのだろうか。実はそこに映像化された自分の顔を見ることのショックが隠されていたからだと思われる。カメラによって機械的な正確さをもって写し出された自分の顔貌は、日常的に鏡を通して見ているナルシスティックな自己イメージとあまりに相違していた（鏡の像は、左右が反転しているため）。だから肖像写真によって自己顕示欲を発揮させようと考えていたブルジョワジーたちにとっては、その姿が自分であるとはとても認めがたかった（テープレコーダーで自分の声をはじめて聴いたときの私たちのショックと同じである）。ある意味で、そのとき人類は、歴史上はじめて文化的な意味づけを機械によって剝ぎとられた、自分のみすぼらしい姿を見てショックを受けたのだ。それは映像文化に飼い慣らされた現代社会の私たちのなかにも、まだどこかに残っている感覚だろう（今でも自分の証明写真は恥ずかしいはずだ）。

このようにカメラの視覚が、それまで見慣れていた世界を剝き出しの相貌で見せて人間たちを驚かすという事態は、自分の肖像写真に関してだけでなく、自然的光景の映像に関しても同様に起きた。一八九五年、映画がリュミエール兄弟によって発明され、パリから始まって世界中で上映されて人気を博したころのことだ。そのとき上映された諸作品は、いずれも固定カメラでとらえられた、工場の門から一斉に労働者たちが出てきて帰宅していく光景（『工場の出口』）、若い夫婦と赤ん坊が庭にテーブルを出して食事をしている光景（『赤ん坊の食事』）、列車が駅に向かって走ってきて到着する光景（『列車の到着』）など、当時のフランス社会の日常生活の平凡な光景を一分ほどの長さでとらえたものだった。

しかし観客たちは、そうした日常的に見慣れたはずの光景を見て、強い身体的反応と熱狂を示したといわれる。カメラを通して見たそれらの光景は、肉眼で見たときとは少しだけ違っていたからだ。例えば『赤ん坊の食事』であれば、カメラマンが画面の中央にとらえた、家族が食事する親密な光景にはさほど驚かなかったが、意図せずして背景に写り込んでしまった、木の葉が風に揺れている光景に観客は衝撃を受けた。もし私たちが現実にその食事の光景に遭遇したとしたら、背景で風に揺れる木の葉などは、ただのノイズとして気にも留めなかっただろう。しかしカメラは、そうした雑音的な光景を家族の光景とまったく平等にとらえてしまう。そうやって人間の意味ある生活の営みが、雑音だらけの環境世界の一部として（無意味なものとして）機械的にとらえられてしまった光景を見て、人間たちは肖像写真を見てプライドを傷つけられたのと同様のショックを受けた。しかも肖像写真とは違って、観客たちはその無意味な葉っぱの動きを見て、世界が生き生きと動いていることを楽しんだらしいのだ（長谷　二〇一〇）。

つまり、カメラというテクノロジーがとらえた視覚世界は、人間が自分たちの世界を立派なものに見せかけようとしてつくりあげてきた文化的意味のさまざまな装飾をあっさりと剝ぎとってしまう。カメラにとらえられることによって、国王や法王はふつうの人間と同じような平凡な存在に見えるようになり、仏像や教会壁画は礼拝や信仰の対象ではなく、美的評価や科学的分析の対象に成り下がってしまう。このように複製技術の力によって、人間を取り囲む視覚世界から神秘的な意味が取り払われて平準化していく歴史的過程を、ヴァルター・ベンヤミンは「アウラの凋落」と呼び、そこに、伝統や宗教による意味付けから解放された人間社会の、民主的で自由な活動空間が開ける革命的可能性を夢見た（ベンヤミン　一九九五ａ）。

以上のように、「見ること」としての映像文化を考えることは、映像テクノロジーが一九世紀に出現したことを通して、人間社会がその後どのような変容を遂げたかを文明史的な視野で考えることを意味するだろう。つまりそれは、映像で溢れている現代社会を決して自明なものとしてとらえるのではなく、映像がなかったかもしれない別の社会の可能性を想像しつつ、現代社会の成り立ちを根源的に考え直すことに他なるまい。

「撮ること」としての映像文化

このように映像文化は、一九世紀の発明以来、大衆的な「見る」文化として発展してきた。したがってそのとき、「撮る」文化としての映像は、きわめて周縁的な領域にとどまって展開されていた。写真も映画も、一部のプロの製作者たちによって撮られた映像が大量に複製されて、大勢の人びとがそれを見るという大衆文化・消費文化として成り立ってきたからだ。

写真であれば、俳優のブロマイド写真、雑誌の広告写真、国王や政治家の肖像写真、名所の絵葉書など職業写真家が撮った写真が膨大に複製されて社会の中を流通し、映画であれば撮影所でプロの製作者たちが丹念につくりあげた娯楽作品が世界中の映画館で商業上映されて人びとの鑑賞の対象となった。高価なカメラを買って、技術的な扱いに習熟してまで「撮る」文化に親しむ者は、二〇世紀の前半まではごく少数だったし、そうした少数のアマチュアカメラマンの模範となったのは、プロが撮った写真や映画であったので、その意味でも「撮る」文化は、「見る」文化に従属してきたといえるだろう。

しかし現代の私たちの社会に溢れている映像文化の主流は、いうまでもなくその周縁的だったはずのアマチュアが「撮った」文化としての写真や動画である。インターネット上には、人びとが日常生活のなかで撮った、お気に入りのカフェのケーキやレストランのパスタ、友人たちと飲み会で交流しあっている親密そうな様子、街角で見つけた季節の美しい花々やちょっと面白い看板など、無数の写真がアップされているし、子どもの卒業式や運動会となると、どの親もデジタルビデオカメラで自分の子どもの姿を一生懸命に記録している。むろんこのように「撮る」文化としての映像文化が人びとに普及したのは、カメラの軽量化や操作の簡便化（オートフォーカスなど）によって、専門家としての技量などなくても「撮る」ことが可能になり、さらには映像のデジタル化によって現像しないまま映像をデータとして保管できるようになったからである。そのような技術的条件の徹底的な民主化によって、誰もが気軽に映像を「撮る」ことができる映像化社会が出現したのだった。

だが、そこで話を終わらせてはならない。そうした映像技術の民主化過程それ自体を支えている人間の欲望が何だったのかを考える必要があると思う。簡単にいえば、そこには二〇世紀後半の社会における、文化の「パーソナル化」という歴史的変化が介在していたと考えられる。例えば、政府機関が管理する巨大な計算機であったコンピュータが小型化・軽量化して、誰もが自分の道具として使える「パーソナル」コンピュータに改変されて世界中の人びとに普及していったように、映像文化もまた、大衆向け作品を社会的に共有することに喜びを感じる文化から、世界を自分のお気に入りの世界として個々人がカスタマイズすることを欲望するパーソナルな文化へと大きな変化を遂げたのである。

だからいまや人びとは、ベンヤミンが考えていたように、カメラがつくりだす無機的な世界を「見る」ことを通して、現在とは違った社会や人生の可能性を集合的に夢見るのではなく、自分とは無関係にそこに存在するはずの世界を自分流に「撮っ」ては保管することを通して、自分がいま快適な小世界に住んでいることを証明しようと躍起になっているように見える。だからそれは、プロが撮ったような美しい映像である必要はなく、むしろ、周囲の人びとや世界が親密に自分を取り囲んでいる映像として提示されることが選ばれる。それが「撮ること」を中心とした、パーソナル化された映像文化の現状だろう。

そのような映像文化の「パーソナル化」は、実は「見る」文化においても同時に起きてきた。一九八〇年代に家庭用ビデオデッキとレンタルビデオ店が普及することによって、映像は大勢の人びとと一緒に公的な場所で見る文化ではなく、自分のプライベートな空間で見られるパーソナル文化へと変貌していたからだ。だからレンタルビデオ店においては、二〇世紀前半の「見る」文化の隆盛のなかでつくられていたような、英雄が悪役をやっつけては社会に平和を取り戻す西部劇（や時代劇や任俠映画）や美男美女の主人公が恋愛劇を繰り広げるロマンチックラブコメディなどの大衆的物語はあまり好まれなくなり、もっと見ている人間の内臓感覚を抉るような、主人公の身体が切り刻まれて真っ赤な血が噴き出すようなスプラッター映画や、激しい性愛行為を一人称カメラでとらえたセックス映画（アダルトビデオ）などが人気を集めるようになった。つまり「見る」文化としての映画においても、観客のパーソナルな感覚を強く刺激するような作品に注目が集まるようになった。

実は先に挙げた『サイコ』が、映画史上の傑作として語り続けられるほどの大きな影響を観客に与えた（リー／ニッケンス　一九九六）のも、シャワールームの殺人描写が残酷だったからというだけではなく、編集技術によって観客が主人公にパーソナルに感情移入してしまう工夫をしていたからである。主人公役のジャネット・リーは、勤め先の金を持ち逃げして遠い街に住む恋人のところまで車を走らせる途中で、殺人鬼が待ち構えるモーテルにたどりつくのだが、その道程において、彼女が運転する姿のショットと彼女が見ている光景のショットが何度も交互に反復される。さらにそこに、持ち逃げがばれたら勤め先の社長がどういう反応を示すかを想像する場面が、内面的独白（ナレーション）として流される。

こうした内面的な映像と音響の組み合わせをずっと見続けると、観客はふつうの映画のように客観的な視点からではなく、悪事にやましさを感じている主人公の内面の側からその世界を体験しているような奇妙な気分になってくるのだ。そのように彼女の気持ちに完全に浸り込んでしまっていたために、そ

『サイコ』の一場面。写真協力 公益財団法人川喜多記念映画文化財団。

の彼女が殺害されることは観客に大きなショックを与えた。つまり『サイコ』のヒッチコックは、八〇年代以降に好まれた映画のように殺人や性愛のような激しい描写を使うことなしに、きわめてパーソナルな感覚で観客が恐怖を味わうことができるような技術を達成した。その意味で『サイコ』は、「見る文化」のなかで、パーソナルな映像文化を達成した記念碑的な作品だといえるだろう。

このように、二〇世紀後半に起きた映像文化における「見る文化」から「撮る文化」への移行は、映像をつくりだす主体が専門家から大衆へと広がって民主化したというだけではなく、映像文化のパーソナル化によって、人間の客観的な環境世界が自分たちのパーソナルな欲望によって主観化されていく倒錯的過程であったことを無視するわけにはいかないだろう。それが私たちを取り囲む、現代の映像社会の問題だといえる。

「撮られること」としての映像文化

一九世紀におけるカメラ（映像文化）の出現は、食事をする家族という親密な光景と背景で風に揺れる木の葉という無機的な光景をまったく等価にとらえてしまうような、新たな視覚世界（「見ること」としての映像文化）を人類にもたらした。しかし二〇世紀後半以降の現代社会における、デジタルカメラの普及などによる「撮る」文化の大衆的な普及は、そうした「見る」文化のなかに開かれていた映像文化の潜在的可能性を、個々人のパーソナルな内面的世界へと閉じ込めてしまった。

では最後に、カメラによって「撮られる」文化、あるいは映像を通して自分が「見られる」文化はどう発展してきただろうか。実はそこでは、映像文化の起源からパーソナルな映像世界が探求されてきたといえるかもしれない。冒頭で見たように、一九世紀のブルジョワジーたちは肖像写真を撮ってもらうことで、ひそかに自分のナルシスティックな鏡のイメージを壊されていたとはいえ、基本的にはそれによってブルジョワらしい自己イメージをさまざまな装置を使って演出していたからだ。実際ベンヤミンは、一八六〇年代以降の写真館が、「飾りひだのあるカーテンや棕櫚の木、ゴブラン織りや画架」といった被写体を飾りたてるための舞台装置を用意して、カメラがとらえるはずの剝き出しの世界を消し去ろうとしていたことに言及している。例えばカフカが六歳ぐらいのときに撮られた写真では、熱帯風の棕櫚の木を背景にして、縁飾りのたくさんついた大仰な子ども服を着せられ、左手には子どもには不釣り合いなつばの広い帽子を持たされているので、彼の姿はそうした装飾イメージに圧倒され、その中に埋没してしまっているではないかとベンヤミンは嘆く（ベンヤミン　一九九五b）。

しかしこのように、人間を飾りたてた姿で記録しようとする「撮られる文化」は、現在の映像文化においても変わらず、根強い人気をもっているといえる。デジタルカメラがこれだけ個々人に広く普及した時代にあっても、なお日本の写真館は、カフカの時代と同様に七五三や誕生日や卒業式などの記念日に子どもに派手な扮装と化粧をさせ（無数の服を用意している）、人工的な色使いの模様を背景にして、

フランツ・カフカの写真（1888-89年頃）。ベンヤミン『図説 写真小史』ちくま学芸文庫，より。

まるで俳優かモデルのようなわざとらしいポーズをとらせて写真を撮る文化を保っているし、また結婚式には大人もまたスターか王族のような派手な衣装と化粧とポーズで写真に「撮られ」ようとするだろう（韓国の結婚式用アルバムはもっと派手で驚く）。

それは、一九九五年に発明されて現在まで流行し続けている、オートマチック写真館とでも呼ぶべき「プリント倶楽部」（通称プリクラ）で、少女たちが自分たちの肖像写真の上から、自らの好みの派手な色彩でハートや星印やメッセージをあれこれ描き加え、眼を大きく見せる修正機能などを利用して、ほとんど自分たちをアニメ世界のキャラクターのように見せてしまおうとする文化にも通じているだろう。つまり、写真の無機的な力に期待していたベンヤミンが批判した（「撮られる」文化としての）写真館文化は、ふつうの人びとにとっては、自分たちの主観的なファンタジーを映像によって実現する文化としていまも展開され続けているのだ。

しかしこのように、カメラに「撮られること」は、ただナルシスティックな自己イメージの中に閉じこもろうとする人間たちの逃避的な文化でしかないのだろうか。むしろ私は、自分自身が写真に撮られるとき、そうではない別の可能性を感じる。例えば何かの記念写真を撮られるために身構え、撮影者がシャッターを押すのをじっと息をこらえて待っている短い間、私はいまここではないどこかへと一瞬タイムスリップして、自分が自分ではなくなってしまうような奇妙な時間を経験するように思う。確かに写真館文化を愛する人びとは、自分たちを立派なブルジョワジーやスターのように飾りたてようとするという意味では、カメラがとらえた自分のみじめな姿から目を背けてしまっているかもしれない。しかし、そのとき同時に彼らは「撮られること」を通して、いまの自分ではない何者かに変身したいという開かれた欲望ももっているのではないか。

実際ベンヤミンもまた、カメラという機械装置を前にして演技しようとする俳優が人格的なアウラを奪われるという自己疎外的状態に、人間の可能性を見出そうとした。舞台で「愛してる」という台詞を言うとき、舞台俳優は相手の役者との相互的な呼吸のなかで言うことができるし、また観客の生き生きした反応を感じつつ人間としての誇りをもって演じることができる。しかし映画俳優は、ときに相手の俳優が不在のまま、ただ殺風景なスタジオ内のカメラに向かって、何の誇りもなく「愛してる」と言わなければならない。その演技を見ている周囲の観衆もまた、その演技を冷静にチェックしようとするスタッフたちだけである。

しかし、このように相互的な人間関係から完全に断ち切られた状態でいう「愛してる」という台詞は、そうした社会的関係に埋め込まれた状態では不可能だった、人間の愛情表現の未知の可能性を切り開いてはいないか。つまり、誰でもない誰かに向かって「愛してる」と言うとき、人間は創造的な生物に変身しているのではないか。スポーツ選手が新記録を目指して、自分の身体の潜在的能力を引きずりだそうと訓練を繰り返すのと同様に、俳優たちは「愛してる」という表現に眠っているさまざまな可能性をリハーサルを繰り返して探求する。そのような演技のありようは、パーソナル化された映像文化の快適な空間を食い破ってしまうような可能性を秘めているように思う。

そうやって考え直してみれば、現代社会の映像文化は、社会的な相互関係（ソーシャル・ネットワーク・システム）につねに取り囲まれて息苦しいほどだ。自分のお気に入りのパスタの写真をフェイスブックに上げて「いいね！」といってもらいたいとか、友人と一緒にプリクラを撮って仲間外れでないことを確認したいとか、流行から後れないように評判の映画作品を見るとか、いま映像文化は自分が社会からこぼれ落ちていないことを確認するための道具にすぎないかのようだ。

だからいま映像文化に可能性を見出すとしたら、「見ること」にせよ「撮ること」にせよ「撮られること」にせよ、そうやって社会に見られていないかもしれないという不安（北田 二〇一一）に打ち勝って、自分自身が見たい、撮りたい、撮られたいという欲望を自在に発揮することであるに違いない。ベンヤミンが「見る」ことのなかに発見した、世界を意味の閉塞から解放してくれる映像の社会的可能性は、映像を「撮ること」や「撮られること」のなかにも眠っているはずだ。それを発見して人びとに提示するということが、いまの映像文化論の課題だと私は思う。

引用・参照文献

北田暁大　二〇一一『増補　広告都市・東京——その誕生と死』ちくま学芸文庫。
沢木耕太郎　二〇一三『キャパの十字架』文藝春秋。
F・ナダール　一九九〇『ナダール——私は写真家である』大野多加志・橋本克己訳、筑摩書房。
Q・バジャック　二〇〇三『写真の歴史』遠藤ゆかり訳、創元社。
長谷正人　二〇一〇『映画というテクノロジー経験』青弓社。
A・ヒッチコック／F・トリュフォー　一九九〇『定本　映画術　ヒッチコック／トリュフォー』山田宏一・蓮實重彦訳、晶文社。
W・ベンヤミン　一九九五a「複製技術時代の芸術作品」『ベンヤミン・コレクションI　近代の意味』浅井健二郎編訳、久保哲司訳、ちくま学芸文庫。
W・ベンヤミン　一九九五b「写真小史」『ベンヤミン・コレクションI　近代の意味』、同右。
J・リー／C・ニッケンス　一九九六『サイコ・シャワー』藤原敏史訳、筑摩書房。

おすすめ文献

佐藤忠男　二〇〇七『見ることと見られること』岩波現代文庫。
長谷正人・中村秀之編訳　二〇〇三『アンチ・スペクタクル——沸騰する映像文化の考古学（アルケオロジー）』東京大学出版会。
G・バッチェン　二〇一〇『写真のアルケオロジー』前川修・佐藤守弘・岩城覚久訳、青弓社。
原田健一・石井仁志　二〇一三『懐かしさは未来とともにやってくる——地域映像アーカイブの理論と実際』学文社。
R・バルト　一九八五『明るい部屋——写真についての覚書』花輪光訳、みすず書房。

転じて付ける、技の文学

清水　学

現代文学のなかで華々しいジャンルとはよべないまでも、「リレー小説」と名づけうるような一群の作品が存在する。要するに、複数の人間で単一の物語を順番に交替しながら（ときに循環して）書き継いでいくという形式の実験的なものだ。

ここでは、全体の筋書きやコンセプトをはじめから共有したうえで分担執筆する「共作」や「合作」、当初からリレーを想定していない「続篇」や「連作」、またいわゆる「二次創作」のたぐいは除外しておこう。その点では、新聞連載の姿をとって日々書き継がれていた頃の作品のほうが、よほど「リレー小説的」ではある。

この形式は、すぐれて近代的な発明といわれる「小説」のなかで、ひときわ異彩を放っている。リレーだから単純にたすきをつないでいけばよいかというと、そうでもない。後に続く執筆者のことを考えつなぎ役に徹するもの、予定調和の結末を想定し迎えにかかるものもあるが、伏線や布石のたぐいをものともせず逸脱に流れるもの、後続の執筆者をいたずらに困らせようとするものも少なくない。そしてじつは、読んでいて面白い、あるいはこの形式の醍醐味とよべるものがあるとすれば、それは意外と後者だったりするのだ。丁々発止のやりとり、出たとこ勝負、結末は未定……それがむしろ小説の強力な動因になる。

興味ぶかいのは、このリレー形式の試みがみられるのが「探偵小説（ミステリ）」とよばれるジャンルにあきらかに偏っていることである。厳格なルール（「十戒」やら「二十則」やらが存在するらしい）に保証され、共通の世界観のもと、ひとつの事件を解決に導くという方向づけが確固として存在し共有されているという点で、複数の作者による協働作業が比較的たやすいということなのかもしれない。

　だが、実際に一読すればみてとれるように、その実作の内容や引き継ぎぶりはけっこう「ちぐはぐ」で「むりやり」さの目立つものだ。これこそしかし「探偵小説」というジャンルの特徴でもあって、つまり、いっけん「ちぐはぐ」にみえる世界を「隠された意図」によってむりやり説明してしまおうとするのがこのジャンルのイデオロギーなのである。その説明はいつでも、じつはけっこう場当たり的で強引なものだ。

　そのつどの秩序構成や転覆、侵犯と回復、これがリレー小説においてはかなり露骨な仕方で繰り広げられ、強調されるというにすぎない。その点を逆手にとって、まさにこの「ちぐはぐさの印象」こそが解かれるべき謎である、と物語の探偵が語る『吹雪の山荘』（笠井潔ほか、東京創元社、二〇〇八）は、だから同時にメタフィクションとして成立するものである。

　いずれにしろ、この形式の小説においては、「見立て」と「見立て返し」の遊戯性が、作者交替の大義名分のもと繰り広げられている。しかし考えてみれば、日本には「連歌」や「連句」の文芸の伝統があった。「式目」とよばれる厳格なルールにのっとり、先の句によって提示された世界に制約され寄り添うことで「付け」ながら、しかし切り返しを交えて展開し「転じ」ていく。寺田寅彦もいうとおり、これはこれでかなり技巧的な芸術である。それ以前に、高度なコミュニケーションの技術でもある。

　そうしてみれば、リレー小説が「小説」として鬼子のように扱われ、完成度の点で見劣りがするといわれるのは、単独の作者による統一的な世界観と主題提示という、いささか狭隘な理念を過度に適用しすぎた結果といえるかもしれない。これは、いわゆるポストモダンな「作者の死」という事象とはひとまず無縁の事態である。むしろ複数の人間のコミュニケーションと創発性の問題であり、まさしく社会学的主題といえるものだろう。

　「会話分析」のさまざまな試みが示してもきたように、意外と人間の日常会話とはこんなふうなものなのかもしれない。そして、だからリレー小説の試みは、単線的な解決志向の単純な謎解きでないほうが面白い。

8 ポピュラー音楽の社会学

岡崎宏樹

マイケル・ジャクソンという現象

ポピュラー音楽は音楽だけで成り立つものではない。それは音楽以外の諸要素を含みこんだ〈トータルな社会現象〉である。この点をまず確認するために、かつて「キング・オブ・ポップ（KING OF POP）」と呼ばれ、当時のポピュラー音楽を代表する存在とみなされた人物を考察するところから始めよう。

マイケル・ジャクソン（一九五八〜二〇〇九）――彼が「ポップの王様」と呼ばれたのはなぜだろうか。一一歳でジャクソン5のリード・シンガーとしてデビューして以来、スターの道を歩んできたマイケルだが、彼を世界的なスーパースターにしたのは、八二年発売のアルバム「スリラー」であった。このアルバムはレコード音楽史上の売上記録を塗り替えて世界記録を樹立し、総売り上げは一億枚を超えた。商業的成功という点でいえば、八〇年代のマイケル・ジャクソンはたしかに「ポップの王様」であった。

また、マイケルを王の座に押し上げるのに重要な役割を果たしたのがメディアと映像の力であった。折しも八〇年代はビデオデッキが普及し、映像とともに音楽を楽しむ環境が一般に広がりつつあった。八一年に開局したばかりの音楽専門チャンネルMTVで、マイケルのビデオ作品は繰り返し放映され、レコードのプロモーションにも大きな影響を与えた。一四分間の大作「スリラー」は、ホラー映画の要素を取り入れた画期的な映像で世界中にファンを広げた。

マイケルの活動はしだいに音楽の枠を超えてひろがり、エンターテイメント事業も動かすようになった。八五年にはビートルズの楽曲約二七〇曲の権利を買い取り、ディズニー・プロダクションが制作するミュージカル3D映像作品「キャプテンEO」の撮影にも着手している。彼はチャリティ活動・寄付・訪問にも熱心で、各地の小児病院を訪れ、生涯で推定五百億円の寄付活動をおこなった（西寺 二〇一〇）。一方で、遊園地と動物園を併設した自宅ネヴァーランドでの生活、エルヴィス・プレスリーの娘リサとの結婚と離婚、再婚、人工授精、白くなる肌、整形疑惑など、パーソナリティの特異性を際立たせる興味本位の報道も絶えなかった。

とはいえ、王様級のポピュラリティの源は、その圧倒的なパフォーマンスの力だろう。絶頂期のステージが記録された「ライブ・イン・ブカレスト」（一九九二年）を観てみよう。ステージ終盤の「マン・イン・ザ・ミラー」でマイケルの放熱と観客の熱狂はひとつの極点に達するのがわかるだろう。マイケルは踊るように歌い、歌うように踊る。ブレイクでターンし、膝を落としてシャウトするタイミングは

マイケル・ジャクソン（1993年の福岡公演より）。
写真提供 共同通信社。

完璧だ。ただしそのような奇跡的な瞬間も、計算された演出・編集とともに存在するのがマイケルの場合だった。画面は彼の超越性をみずから解説するかのように、「マイケルは神の贈りもの」と書かれた観客の垂れ幕を大写しにし、感涙するファン、絶叫するファン、失神するファンを何度も登場させている。

　ところで、聖なる存在に対する集団崇拝と供儀の暴力は表裏一体の関係にあるというR・ジラールの学説は、この場合も示唆的である（ジラール　二〇一二）。マイケルをとりまく集団的熱狂はあるきっかけで集合暴力に転じる性質のものであったからだ。九三年と〇三年、彼は二度にわたって少年への性的虐待疑惑で訴えられる。マスコミは無実を訴えるマイケルを擁護するどころか、スキャンダラスな報道を繰り返し、世間は彼に強い疑惑の目を向けた。大衆がマイケルを「キング・オブ・ポップ」と呼んで賞賛したとき、彼の特異性は卓越性のあらわれと解釈されていた。だが、裁判中はそれが逸脱者のイメージに結びつけられた。結局、一度目は和解、二度目は完全無罪となったが、二度の裁判でマイケルは力を使い果たし、音楽活動も停滞してしまった。

だから〇九年に予定されていたロンドンでの五〇公演は、キングの復活を宣言するものとなるはずだった。しかし、同年六月二五日、一二年ぶりの連続公演を一ヵ月半後に控えてマイケルは急逝する。享年五〇。死因は急性プロポフォール中毒による呼吸停止であった。深刻な不眠症に陥ったマイケルに専属医が投与した麻酔剤が急性中毒を引き起こしたのである。死後、リハーサル映像が映画として公開され、「THIS IS IT」は音楽映画としては異例のヒットを記録、やがて再評価のムーブメントが起きるにいたった。

さて、ポピュラー音楽を象徴するひとりの人物の歩みを足早にみてきたが、その活動が音楽以外の諸要素に大きな影響を受け、諸要素の複雑な関係のなかで展開していたことが確認できたはずだ。ただしこれはマイケルに限ったことではなく、ポピュラー音楽が〈トータルな社会現象〉であることの一例にすぎない。

〈トータルな社会現象〉としてのポピュラー音楽

ポピュラー音楽とそうでないものの境界はつねに変動しているので、それを定義するのは難しい。しかし芸術音楽や民族音楽と対比した場合、ポピュラー音楽は「大衆社会のもとで大量に複製・配給される商品化志向の音楽の諸様式の総称」と暫定的に定義することができる。

この意味でのポピュラー音楽はすでに一世紀以上の歴史をもつが、学問的研究が発展したのは比較的新しく、一九七〇年代以降のことである。とくにイギリスではカルチュラル・スタディーズと呼ばれる学問的動向と関連してポピュラー音楽研究が活性化した。そして国際ポピュラー音楽学会が八一年に、日本ポピュラー音楽学会が九〇年に設立されている。

ポピュラー音楽研究は、音楽学、社会学、経済学、政治学、法学、文化人類学、民俗学、心理学、文学理論、メディア論、コミュニケーション論、カルチュラル・スタディーズなど、さまざまな学問の知を活用して展開する、きわめて学際的な分野である（Frith 2004, 三井編訳 二〇〇五）。なかでも社会学はその視野の広さと研究の蓄積によって、この分野の発展に重要な役割を果たしてきた。それゆえ、以下ではおもにポピュラー音楽の社会学を念頭において、三つのポイントを論じることにしよう。すなわち⑴ポピュラー音楽を理解するための視点、⑵オーディエンス理論、⑶深い音楽体験と価値意識である。

ポピュラー音楽を理解するための出発点においておきたいのは、ポピュラー音楽は音楽だけで成り立つのではない、という認識である。ある音楽が「ポピュラー音楽」と呼ばれるためには、それを「ポピュラー（popular＝人気のある／流行の／大衆の／民衆の）」にする技術的・経済的・法的・社会的な基盤が不可欠である。レコードやCDを大量生産する複製技術、商品化した音楽を大衆に配給する音楽産業、放送・報道・広告をおこなうメディア、複製や配給を規制する法制度などは、ポピュラー音楽の基本条件だ。そこにはミュージシャンや音楽エンジニアのほか、レコード会社や音楽事務所のスタッフ、雑誌やメディアの関係者、弁護士や税理士らが働いており、複雑なプロセスで届けられた音楽をファンや大衆がさまざまな方法で享受・消費している。それゆえ、ポピュラー音楽を理解するためには、楽曲を分析するだけではなく、音楽の生産・創造や消費・受容のプロセス全体に目を向ける必要がある。

とくに重要なのが音楽をめぐる言説の働きである。私たちは言葉によって音楽を意味づけ、その意味を他者に伝えようとする。音楽について語ることで私たちは自分と音楽の関係を構築するが、その関係が音楽の聴き方や演奏のしかた、個人や集団のアイデンティティ形成に影響を与える。だから音楽について語ることも「音楽すること」の一部である。

このようにポピュラー音楽は、美的・技術的・経済的・法的・政治的・宗教的・社会的な諸要素を含んだ〈トータルな社会現象〉である。M・モースが贈与研究で使った言葉でいうならば、ポピュラー音楽は「全体的社会事実」なのである（モース 二〇〇九）。

テクスト、音楽生産・受容、パフォーマンス

伝統的な音楽学では、「テクスト」（音楽そのもの）がもつ本質的な意味を、それをとりまく「コンテクスト」（作曲家の社会的背景や思想や音楽受容など）を参考に探究しようとする。これに対し、ポピュラー音楽研究では、「音楽そのもの」とあわせて、それを社会的に生産・受容するプロセスが重視される。B・ロングハーストはポピュラー音楽研究をとらえる枠組みとして「生産−テクスト−受容者」という三項図式を提示している（Longhurst 2007）。音楽テクストの「生産（Production）」は、音楽家だけの作業ではなく、広い経済的・制度的コンテクストのなかで生じる。「受容者（Audience）」は社会的コンテクストのなかでテクストを解釈し、これを享受・消費する。それゆえ、「テクスト（Text）」はそれ自体で本質的な意味をもつのではなく、生産と受容のなかで構築されるものとみなされる。

音楽テクストの生産に関する研究には、多くの蓄積がある。最近のものでは、音楽産業やミュージシャンの創造の現場を考察したJ・トインビーの研究（トインビー　二〇〇四）、日本の音楽産業を論じた生明《あざみ》の研究（生明　二〇〇四）、作品概念の再構築を試みた増田の研究（増田　二〇〇五）、日本のヒップホップの創造を論じたI・コンドリーの研究（コンドリー　二〇〇九）などが参考になる。

音楽テクストの受容に関しては次のオーディエンス理論のところで説明しよう。

音楽テクストの研究については、音楽学からのアプローチが強く、P・タグが展開する記号論的研究、R・ミドルトンの総合的研究、ポピュラー音楽向けの楽理分析などが知られる（三井編訳　一九九〇、二〇〇五）。しかし社会学者と「音楽そのもの」を分析しようとする音楽学者のあいだに「深淵」があることはつねづね指摘されるところである。

この「深淵」の橋渡しをするためにも、テクスト分析に際しては、実践者たちによって音楽テクストがどのように表現されたかというパフォーマンスの次元にも目を向けるようにしたい。同じ歌手でも、体調や心理状態、バンドの技量や相性、観客の人数やノリの良し悪し、偶然の出来事などによってまったく異なるパフォーマンスになるからである。「もし私たちがパフォーマンスを構成するすべての音や人間の関係にまで注意を広げるなら、音楽の根本的な意味が、個人的なものにはとどまらない、社会的なものであることがわかるだろう」（スモール　二〇一一）。パフォーマンスは音楽の「意味」と同時にその「強度」にも関係している。

まとめよう。ポピュラー音楽理解の基本となるのは、(1)音楽的・技術的・経済的・法的・政治的・宗教的・社会的な諸要素が織りなす〈トータルな社会現象〉を視野に入れること、(2)音楽テクストとともに、それが生産・受容されるコンテクストと動的プロセスを把握すること、(3)偶然性をはらんだパフォーマンスの次元に留意すること、以上である。

ポピュラー音楽のオーディエンス

ポピュラー音楽研究では、現象をトータルに把握する重要性をふまえながらも、実際には特定の主題を専門的に追究することが多い。音楽産業、著作権、アイデンティティ、エスニシティなど重要な主題がたくさんあるが、ここではすべてをとりあげる余裕がない。他の主題や、フリスの『サウンドの力』をはじめとした重要著作の解説、国内外のポピュラー音楽研究の歴史などについては参考図書にまかせることにして、以下ではK・ニーガスの『ポピュラー音楽理論入門』を導きに、社会学との関わりが深いオーディエンス理論の展開を概観したい。

オーディエンス研究は、ひとが音楽をどのように受容し、解釈し、利用するかという問題を追究する。この分野の研究としてまず参照すべきは、一九三〇年代後半から四〇年代に書かれたT・アドルノの著作である。それらは最初期のポピュラー音楽の学問的研究として知られる。アドルノはジャズをはじめとした当時のポピュラー音楽にきわめて批判的であった。アドルノによれば、文化産業に管理されたポピュラー音楽は「美学的価値や哲学的含意に乏しい大衆向けの使い捨て音楽」にすぎない。それは大量生産されるために規格化された商品であり、消極的で散漫な聴取をはびこらせる。ポピュラー音楽はひとを資本主義企業や全体主義国家の権威に操作されやすくし、政治的批評や自由な社会への変化を妨害する（アドルノ　一九九八、二〇〇二）。

一九五〇年に発表された論文において、D・リースマンは、一〇代の若者の面接調査をもとに、音楽聴衆を「多数派集団」と「少数派集団」に分類した。「多数派」はヒットパレードを中心に、好き嫌いなく音楽を聴くのに対し、「少数派」は洗練された評価基準をもち、積極的に選択して音楽を聴く（Riesman 1990）。ホールとワネルは、この分類を世代論として展開し、サブカルチャーを生みだす積極的で若い「少数派」と、消極的で保守的な大人たち「多数派」を区別した（Hall and Whannel 1964）。アドルノがいうようにあらゆるオーディエンスが消極的で受動的なわけではないのだ。

七九年に発表されたD・ヘブディジの『サブカルチャー』は、その後の音楽・ファッション研究に大きな影響を与えた著作である。ヘブディジは、サブカルチャーは、社会的立場の低い若者が自分たちが直面する問題やジレンマを「儀礼」や「スタイル」を通して解消する企てである、と説明した。たとえば七〇年代のパンクの実践者たちが安全ピンや水洗便所のチェーンをファッションに流用するとき、それは既存の決まりごととの断絶を視覚的に表示する「スタイル」によって平準化に抵抗しているのだ。また荒々しく単調で、ノイズに満ちたパンク音楽も、ポゴと呼ばれる独特のダンスも、主流スタイルへの抵抗の「スタイル」と解釈できる。「スタイル」は、既存の要素を組み合わせ、別のコンテクストのもとで新たな意味を創造し、それによって新しい「生き方」を表現する（ヘブディジ　一九八六）。

九〇年代に入ると、W・ストローが「音楽シーン」に着目した議論を展開した（Straw 1991）。「音楽シーン」はさまざまな音楽実践が共存する文化空間である。それは「コミュニティ」への所属からではなく、諸個人の積極的関与によって維持される「連帯関係」や「仲間意識」から生まれる、とストローは説明する。「音楽シーン」の議論は、集団や階級に固定されない流動的なオーディエンスをとらえるのに有効な枠組みである（ニーガス　二〇〇四）。

一方で「多数派」と一括りにされてきたメインストリームを再考し、音楽趣味をめぐる多様な差異化の実践によって成り立つ場としてこれを分析する研究も出てきた。現代の音楽受容は、「多くのジャンルを嫌わないこと（＝オムニボア）」と「排他的に好むこと（＝ユニボア）」の組み合わせで把握できると論じるのはR・ピーターソンである。ピーターソンは、アメリカ社会の量的調査によって、社会的下位の大衆は階級的位置と相関した音楽ジャンルのうち一つか二つ（例えば、ラップとレゲエ）を消費する「文化的ユニボア」であるのに対し、エリートが階級の趣味を超えた広範囲のジャンルの音楽を消費する「文化的オムニボア」になっていることを明らかにした（Peterson 1992）。現在、彼の議論を追試する定量研究が各国で展開している。近年の欧米のポピュラー音楽の社会学は、このように調査手法を用いて音楽趣味の微小な差異を解明する方向に進んでいる（南田　二〇一〇）。

深い音楽体験と価値意識

オーディエンス理論は、多数派／少数派、積極的／消極的、固定的／流動的などの違いはあるにせよ、音楽の受容を社会集団や階層に結びつけて考察するのが主流であった。そこでは、社会が音楽を規定するという考えが基本になっている。

けれども、ニーガスは、私たちが参照してきた本のなかで、音楽における価値判断は必ずしも社会的カテゴリーのなかだけで発生するわけではなく、「境界線やカテゴリーの乗り越え」をともなうというフリスの意見を紹介し、これに賛同している。ミュージシャンやファンは「個人／集団」「私たち／彼ら」といった二分法を解消してゆくような「連帯意識の生成に貢献」してきたのであり、この点をとらえることがとても重要だとニーガスはいう。

この指摘は、音楽が社会をつくる側面、さらには音楽が社会を超える側面に着目している点で大変貴重である。しかしニーガスもフリスも、では音楽がどのようにして社会的カテゴリーを解消し、普遍的な連帯意識を生みだすのかという点を理論的に説明できていない。そこで私たちは作田啓一の人間学を参照することで、音楽が新しい価値意識を創造する局面について考察を深めることにしよう。

作田によれば、個人が自分の枠を超えてゆく方向は二つある。一つは「個人が所属する諸集団への参加の方向」であり、もう一つは「個人が外界と溶解する方向」である。

集団に参加して「われわれ意識」が高揚するとき、個人の自己境界は集団の範囲まで拡大する。これが「拡大体験」である。「拡大体験」では、個人は集団と一体化するので、「個人／集団」の境界は重なりあう。だが、この「われわれ意識」は潜在的・顕在的な「敵」を前提として成り立つ以上、「私たち／彼ら」の境界線はなくならない。これに対し、宗教、芸術、スポーツなどの活動（鑑賞を含む）を通して、あるいは自然や人間に深く心を動かされることで生じるのが「溶解体験」である。個人が外界に溶解し、自己境界が消失するとき、「個人／集団」や「私たち／彼ら」の区別がなくなり、自己と外界は「相互浸透」する。そこで経験されるのは「生きている実感」、深い「存在の感情」である（作田 一九九三、一九九五）。

「拡大体験」と「溶解体験」は音楽の領域でも経験される。例えば、国歌や軍歌、校歌やチームの応援歌など、所属集団のシンボルとなる楽曲を全員で歌ったり、演奏したりするとき、「われわれ意識」の高揚とともに「拡大体験」が生じることが多い。これに対し、演奏や聴取においてひとが音楽そのものに没入するときには「溶解体験」が生じる。

英国のギタリスト、リチャード・トンプソンが音楽への溶解に関連する興味深い言葉を残している。「それについて話すのはとてもむずかしい。なぜなら、それが起こっているときに、自分はそこにいないんだ！　わたしのコンサートでは、ほとんどの場合、そういうことが起こっていると思う。自分が音楽になってしまう感じ、あるいは音楽が自分になってしまう感じがするまで、音楽のなかにはいりこむ」（ボイド／ジョージ＝ウォーレン　一九九三）。ここでは自己と音楽の「相互浸透」が、「自分が音楽になる／音楽が自分になる」という言葉で端的に表現されている。

この種の体験は、音楽ジャンルを問うものではないし、プロミュージシャンに限ったものでもない。私が大学の授業で「深い音楽経験」について尋ねると、学生から次のような答えが返ってきた（二〇〇一年度、京都大学「経験社会学」）。「合奏していると、今ある音以外のことがどうでもよくなって、気分が高揚し、夢中になって、自分が音楽の中に溶け込むような感覚がする」。「自分の体の感覚がなくなって、心の底からじわじわと幸せな気分が湧き出てきて、音楽と一体化し、奏でている音楽の情景がわーっと広がる感じがする」。

では、音楽における「拡大体験」と「溶解体験」はどのような価値意識を生むのだろうか。作田によれば、「拡大体験」は「有用価値」と親和的である。自己の範囲を拡大すれば、自己保存や自己防衛を効果的に達成できるからである。これに対し、「溶解体験」は「共感価値」と親和的である。それは防衛の解除をともない、諸存在との深いコミュニケーションを実現するからである。それゆえ私たちは、ニーガスのいう社会的カテゴリーを超える「連帯意識」は、音楽における「溶解体験」から生まれる可能性が高い、と考えることができる。

ただしポピュラー音楽では経験を個人の娯楽や気晴らしのレベルで解釈するのが一般的であるから、言説のレベルで「溶解体験」が「共感価値」に結びつかない場合もある。また音楽ビジネスは、音楽によって高揚した「存在の感情」を特定ミュージシャンの崇拝と関連商品の購買へと巧妙に水路づけようとする。一方、普遍的な連帯をめざし、音楽の〈力〉を社会変革や意識変革に積極的に活用しようとするミュージシャンや、その思想に賛同するファンも存在する。ポピュラー音楽はビジネスとして展開する以上、「有用価値」から自由ではないが、音楽の根源的な〈力〉はいつも「共感価値」にふれている。だから音楽の〈力〉が社会を動かし、社会を超えた地平を描き出すこともあるのだ。私たちはこの点に留意してポピュラー音楽の体験と価値意識と言説を分析する必要があるだろう。

本章ははじめにマイケル・ジャクソンをとりあげ、ポピュラー音楽は諸要素が織りなす〈トータルな社会現象〉であると説明した。けれどもポピュラー音楽は社会的条件だけに還元されるものではないし、技術的・経済的・政治的・宗教的・社会的な諸要素の寄せ集めでもない。その中心は生きた音楽の〈力〉に貫かれている。だとすれば、それはまさしく〈トータルな生命 - 社会現象〉である、と言い直さなくてはならないだろう。

マイケルは「ＧＯＤ」と題した自作詩のなかで、「私のあらゆる歌や、あらゆるダンスは、神がこちらに現れたときに、そこに漂い充満してもらうための容れ物のようなもの」と語っていた（ジャクソン 一九九二）。表現者と社会を突き動かす〈力〉が、ここでは「神」という宗教的語彙で語られているが、彼のいう「神」とは生の根源的な〈力〉が音楽という形式で現れたものとも解しうる。

このように個人と社会を超えた〈力〉に目を向けて、音楽の創造と社会の生成を原理的に問うとき、そこからまた新たな文化研究がはじまることだろう。

引用・参照文献

生明《あざみ》俊雄　二〇〇四『ポピュラー音楽は誰が作るのか――音楽産業の政治学』勁草書房。
T・アドルノ　一九九八『不協和音――管理社会における音楽』三光長治・高辻知義訳、平凡社ライブラリー。
T・アドルノ　二〇〇二『アドルノ　音楽・メディア論集』渡辺裕編、村田公一・舩木篤也・吉田寛訳、平凡社。
I・コンドリー　二〇〇九『日本のヒップホップ――文化グローバリゼーションの〈現場〉』上野俊哉監訳、NTT出版。
作田啓一　一九九三『生成の社会学をめざして――価値観と性格』有斐閣。
作田啓一　一九九五『三次元の人間――生成の思想を語る』行路社。
M・ジャクソン　一九九二『ダンシング・ザ・ドリーム』湯川れい子訳、CBS・ソニー出版。
R・ジラール　二〇一二『暴力と聖なるもの』（新装版）古田幸男訳、法政大学出版局。
C・スモール　二〇一一『ミュージッキング――音楽は〈行為〉である』野澤豊一・西島千尋訳、水声社。
J・トインビー　二〇〇四『ポピュラー音楽をつくる――ミュージシャン・創造性・制度』安田昌弘訳、みすず書房。
東谷護編　二〇〇三『ポピュラー音楽へのまなざし――売る・読む・楽しむ』勁草書房。
K・ニーガス　二〇〇四『ポピュラー音楽理論入門』安田昌弘訳、水声社。
西寺郷太　二〇一〇『マイケル・ジャクソン』講談社現代新書。

D・ヘブディジ　一九八六『サブカルチャー――スタイルの意味するもの』山口淑子訳、未來社。
J・ボイド／H・ジョージ＝ウォーレン　一九九三『素顔のミュージシャン』菅野彰子訳、早川書房。
増田聡　二〇〇五『その音楽の〈作者〉とは誰か――リミックス・産業・著作権』みすず書房。
三井徹編訳　一九九〇『ポピュラー音楽の研究』音楽之友社。
三井徹編訳　二〇〇五『ポピュラー・ミュージック・スタディズ――人社学際の最前線』音楽之友社。
南田勝也　二〇一〇「ポピュラー音楽」『社会学事典』丸善。
M・モース　二〇〇九『贈与論』吉田禎吾・江川純一訳、ちくま学芸文庫。
S. Frith (ed.) 2004 *Popular Music: Critical Concepts in Media and Cultural Studies*, Routledge.
S. Hall and P. Whannel 1964 *The Popular Arts*, Hutchinson.
B. Longhurst 2007 *Popular Music and Society* (2nd ed.), Polity.
R. Peterson 1992 "Understanding Audience Segmentation: From Elite and Mass to Omnivore and Univore," *Poetics* 21.
D. Riesman 1990 "Listening to Popular Music," S. Frith and A. Goodwin (eds.), *On Record: Rock, Pop and Written Word*, Routledge.
W. Straw 1991 "Systems of Articulation, Logic of Change: Communication and Scenes in Popular Music," *Cultural Studies* 5(3).

おすすめ文献

井上俊・伊藤公雄編　二〇〇九『ポピュラー文化』（社会学ベーシックス7）世界思想社。
小川博司　一九八八『音楽する社会』勁草書房。
J・トインビー　二〇〇四『ポピュラー音楽をつくる――ミュージシャン・創造性・制度』安田昌弘訳、みすず書房。
東谷護編　二〇〇三『ポピュラー音楽へのまなざし――売る・読む・楽しむ』勁草書房。
K・ニーガス　二〇〇四『ポピュラー音楽理論入門』安田昌弘訳、水声社。

9 〈少年−マンガ−雑誌〉という文化

瓜生吉則

プロのマンガ家を目指す二人の少年に、雑誌編集者が語りかける。「ジャンプでやっていくにはアンケートの結果が一番重要なんだ」。マンガ「バクマン。」の一シーンである（大場・小畑 二〇〇九）。「ジャンプ」とは、二〇一四年の時点で最も発行部数の多い（約二七〇万部）少年向け週刊誌『週刊少年ジャンプ』（以下『ジャンプ』）のこと。そこに掲載されているマンガのキャラクターが、当の雑誌の特徴について言及する。しかも、すでに巷間に流布している同誌の〝友情・努力・勝利〟という三大編集テーマを差し置いて、読者からのアンケートこそが『ジャンプ』でのマンガ家としての成功を左右する、と言ってしまう。少年（たち）はマンガに、そして『ジャンプ』という雑誌に夢を見る。大人は、その夢の前に見るべき現実があることを突きつける。果たして、『ジャンプ』と少年（たち）とはどういう関係にあるのか。本章では、「少年雑誌」の歴史の中に『ジャンプ』を据えてみることで、読者とメディアとの関係をひとつの〈文化〉として考察していく。

『ジャンプ』のスタイル

『ジャンプ』が創刊されたのは一九六八年（最初は隔週刊。翌年より週刊化）。戦後初の少年向け週刊誌『週刊少年マガジン』『週刊少年サンデー』（以下それぞれ『マガジン』『サンデー』）は、〝団塊の世代〟が小学生の時代（一九五九年）に創刊されており、彼らを一〇年近く読者として引き留め続けていた。そのため、六〇年代後半の小学生や中学生には付いていけない「高度」な内容のマンガや特集記事なども多く掲載されていた。さらに、手塚治虫や藤子不二雄、石森章太郎など、すでに名をなしたベテランは先行誌への執筆で忙しく、『ジャンプ』は未知数の若手を多数起用せざるをえなかった。しかし、そのことがかえって新雑誌の不思議な魅力となり、『ジャンプ』は創刊二年で百万部を突破し、〝団塊の世代〟が「青年」誌へと移行して部数が落ち込んだ『マガジン』『サンデー』を抑えて週刊少年雑誌のトップに躍り出る。それ以降、何度かライバル誌に部数を逆転されることはあっても、四〇年以上にわたってトップの座をほぼ独占し、一九九五年には六五三万という空前の発行部数を誇るまでになった（中野二〇〇四）。

『ジャンプ』躍進の理由はさまざまに指摘されているが、冒頭で触れた「（読者）アンケート」の重視（もしくは至上主義）による、徹底したマーケティングが大きく寄与していることは衆目の一致するところである。「バクマン。」内でも詳細に描かれているように、新人作家の起用にしても、連載マンガの打ち切りや路線変更にしても、毎号綴じ込まれている「懸賞付きアンケートはがき」の集計結果によって決定される。はがきの表側には、面白かった作品や記事を三つ、順番に記入する欄があり、裏側には連載作品や読み切り作品についての感想、イベントの認知度や読者の興味関心を尋ねる質問項目等が印字されている（質問内容は週ごとに変わる）。感想については、「（ストーリーが）面白い／つまらない」「（主人公の性格が）明るい／暗い」など、小学生の読者でも回答しやすいように工夫されている。

元編集長の西村繁男によれば、「連載は十回を目標に開始される。五回目ぐらいまで読者の支持率が上昇カーブを描いていれば、十回以降の続行を考え始める。下降カーブを描いていれば、十回の完結に向けてストーリーをまとめていくことになる。まとめ具合で一、二回の延長はあるが、だらだらと連載がつづくことはない。これが、連載に対するジャンプ特有の方式である」（西村　一九九四）。マンガ家や編集者が連載を続けたくても、人気がなければ容赦なく打ち切られるし、逆に、話が一区切りついたから連載をやめようと思っても、アンケートの結果がよければ、無理にでも連載を続けなければならない。

作り手の側が「描くべきこと」をあらかじめ設定せず、読者が望まない「内容」は排除され、読者の意向に沿って次々と改訂を施し、そのおかげでますます読者に受け入れられていく。つまり、制作機制上「つまらない」マンガが載ることのない少年雑誌。それを「商品」と一言で指し示すことは実に簡単である。簡単ではあるのだが、ならば『ジャンプ』は「作者」のいない、ほとんど自動化されたマンガ生産工場だとでもいうのだろうか。

「投稿」するアマチュア

大塚英志は、『ジャンプ』が四五〇万部を突破した一九八七年の段階で、その大部数の牽引力を「コミック出版が失ってしまった、メジャー／マイナーの弁証法的システムを（『ジャンプ』が――引用者註）内在化して」おり、「まんがの持つ固有のシステムのすべて」を内包している点に見出している。日本で最も読まれている少年雑誌という量的な共同性とともに、マニアにも受けるマンガを掲載することによって、『ジャンプ』が「それ自体としての自律性を持った開放系のシステム」となっている、というのだ（大塚 一九九二）。

大塚は「マニア」の吸い上げを他のマイナー雑誌の方法論の応用として論じているが、同様の制作機制を米沢嘉博は「新人賞システム」の完成という観点から分析している。先に触れたように、後発のため大家の寄稿が得られなかった『ジャンプ』は創刊当初から新人マンガ家の発掘・育成に努めており、創刊第二号で早くも「新人漫画賞」の作品募集が行われ、これはやがてストーリーマンガ部門の「手塚賞」とギャグマンガ部門の「赤塚賞」へと発展する。また年二回発表の同賞のほかに、月一回の「ヤングジャンプ賞」も設けられ、優秀作は選評付きで誌面に掲載され、プロデビューの道を用意した。これらの新人賞のうち「手塚賞」は諸星大二郎、星野之宣、寺沢武一、荒木飛呂彦などが受賞し、「マニア」が好む作家をも取り込む機会になったと米沢は指摘する（米沢 二〇〇二）。

新人賞でアマチュアの才能を吟味し、その中から可能性のある者には「手垢がつく前に編集者と二人三脚で」「連載作品のために、全ての時間と才能を使っていく」（米沢　二〇〇三）新人育成システムは、マンガ家というよりも〝『ジャンプ』作家〟をつくりあげていく。『ジャンプ』でプロデビューするということは、「送り手」と「受け手」との間にそびえる見えない壁を越えることではなく、少しばかりの位置の移動でしかない――『ジャンプ』という雑誌がどんなマンガを描かせるのかは、新人賞を受賞して専属契約を結んだマンガ家は自覚しているのだから。しかも、『ジャンプ』がどんなマンガを載せるのかは、読者自身が知っているのだから（「バクマン。」でも、主人公の少年たちは『ジャンプ』でウケているマンガを大人顔負けに「分析」してみせている）。

とはいえ、プロを目指すアマチュアたちが切磋琢磨する場を提供する、というのは何も『ジャンプ』が独自に開発した手法ではない。『穎才新誌《えいさい》』『少年園』『日本之少年』『少年倶楽部』等々、明治以降に数多く出版された子ども／少年向けの雑誌では、アマチュア（子ども／少年）読者が投稿し、プロ（大人）の作家もしくは編集者によって選ばれた優秀作が掲載される「投稿欄」が人気を博した。いつの日かプロの物書きとなることを目指す投稿少年たちの情熱は、『文章世界』のように『少年世界』の投稿欄から独立して創刊される雑誌を生むことにもなった（紅野　二〇〇三）。

プロ／アマチュアの境界を越えていく運動の場としての「少年雑誌」のありようは、投稿される内容が戦前期までの「作文」から戦後以降「マンガ」に変わっても引き継がれている。一九四〇年代後半の『漫画少年』（学童社）においては、「漫画つうしんぼ」という投稿欄が、藤子不二雄、石森章太郎、赤塚不二夫、辰巳ヨシヒロ、さいとう・たかをら、六〇年代以降に台頭する若手マンガ家たちの登竜門となった。少年雑誌ではないが、六〇年代末の『COM』誌における「ぐら・こん」はその「青年」版であり、「コミックマーケット」（第一回は一九七五年開催）という、アマチュアたちによる同人誌即売会の苗床のひとつとなった（霜月 二〇〇八）。

純文学がひとつの制度と化している現状では想像しにくいが、「少年雑誌」の投稿欄におけるプロ／アマチュアの境界の薄さが、物書き作家の再生産を可能にしてきたし、アマチュアによる創作活動にプロがさまざまな形で携わる上で、雑誌という定期刊行物が果たした役割は非常に大きい。コンテンツ（活字読物／マンガ）の作り手としてのプロ／アマチュアの往還運動の場として見れば、『ジャンプ』は紛う方なく「少年雑誌」の正統なのである。

「読者」と「消費者」とのあいだ

その一方、アンケートによって掲載される内容を決定する、という先に触れた『ジャンプ』の制作機制は、「少年雑誌」の系譜上では同誌の据わりをどうにも悪くさせる。読者に「商品」開発の決定権（の一部）を委ねることは「邪道／堕落」と見なされることだったからである。たとえば、明治期の人気少年雑誌『少年世界』の編集者だった木村小舟は、昭和初期までの少年雑誌のありようの変化を以下のように振り返っている。「初期に於ける少年雑誌は、よしそれが偽りなき商品なりしにせよ、未だ断じて俗悪執拗の手段を用ふることなく、寧ろ教育の本旨に立脚して正々堂々読者に臨み、其の信ずる所を勇敢に遂行し、長幼先後の道を明かならしめて読者を警め、次で一転して、記者読者相携へて双々行歩し、三転して全く其の地位を顚倒したるの感がある。即ち読者は賈客にして、記者は其の機嫌を取るべき、番頭手代に化し去りしと見るも、誰か敢て異議を挟み得る者ぞ」（木村　一九四二）。「商品」の側面を抜きがたくもっており、だからこそ読者＝顧客におもねってしまう可能性も高く、そのためにも「少年雑誌」の作り手にはプロとしての矜恃が必要だと主張する木村からすれば、「アンケート」こそ重要であると言いきってしまう「バクマン。」の編集者の姿は「番頭手代」のなれの果てと映るだろう。

大正半ばに創刊され、自由選題式の「綴方」や「自由詩」の投稿・選評で一時代を画した『赤い鳥』の主宰・鈴木三重吉も、たびたび〝商業主義〟への批判をしているし（鈴木　一九二四）、木村や鈴木の批判対象と思われる、大資本を背景として大部数を誇った講談社の『少年倶楽部』も、公教育ではおろそかになりがちな道徳（精神）教育の素材を提供するメディアとして同誌を位置づけていた（『少年倶楽部』第二巻第四号　一九一五）。指向の違いはあれ、「少年雑誌」は公教育と同様の「教え導く」役割を強く意識しており、読者を「消費者（顧客）」扱いして、その意向に従って雑誌編集することは（タテマエでしかないにしろ）忌避されてきた。プロの作家や編集者が一種の〝教育者〟として少年雑誌を読者に届けることへの矜恃が時代とともに薄れていく、という〝堕落史観〟は、イデオロギーの差異を超えて共有されていたのである。

だが、活字読物からマンガへと掲載作の重点を移していくなかで、「少年雑誌」の社会的役割に関する作り手（大人）の自負・自信は揺らいでいく。「ジャングル大帝」（手塚治虫）の連載があり、先に見たように読者投稿も活況を呈していた『漫画少年』は、休刊が迫った時期に巻き起こった〝悪書追放運動〟における「児童雑誌批判」への反論を編集長名義で掲載している。彼は「批判」に対して、敗戦直後の「良心的雑誌」がなぜ長生きすることができなかったのか、作り手（大人）の側の問題としてもう一度とらえ直すべきなのではないか、と当今の少年雑誌における「問題」の所在を指し示す。

たとえば、少しでもよい漫画を、すこしでもよい雑誌をと気ばってみても、肝心の相手が受け入れてくれなければ生存することはできないし、したがって存在価値がないということになる。結局それは作者、編集者の独り相撲にしかすぎない。この例は〝少年少女〟〝銀河〟〝赤とんぼ〟など数多い。直接利害関係のない第三者は、すずしい顔で、これが良い、これが悪いと無責任にきめつけるけれど彼等の言葉はその存否を保証してくれはしない。もしみんなが真剣に悪書の追放を考えるならば、まずなによりもこの荒びた私たちの土を悪書などのはびこらないよい畑にかえることに専心努力すべきであろう。（寺田編著　一九八一　原文は『漫画少年』一九五五年七月号）

少年雑誌のプロ（大人）が、誰に向けてどういう意図でつくるのか、というかつてなら疑問にもならなかったことに立ちすくみ、とまどう。この物言いを、「良書」追求の理念を資本の論理に擦り寄らせる日和見主義だと批判することはたやすい。だが彼は、「より良きもの」なる観念を作り手（大人）の側で一方的に決めていては少年雑誌編集は立ちゆかない、という醒めた認識に至っている。確かに『漫画少年』に掲載されたマンガ群は、今から見ればほのぼのとしており、「子供の心を清く正しくそだてる」（加藤　二〇〇二）ことにも有効な「教育的」なものだったかもしれない。「悪書などのはびこらないよい畑」が、できることなら存在してほしいという微かな希望も表明されている。だがこの反論で最も注目すべきなのは、作り手の側に前もって「与えるべき思想」「向かうべき目標」があり、それを読物なり記事なりへと加工して読者に提供する、あるいはそういう場（メディア）として機能するといった、戦前においてはイデオロギーを越えて共有されていた「少年雑誌」のありようがどこか疑われている、ということである。言い換えれば、この反論は資本の論理に振り回されることへの諦念というより、作り手（大人）の側が「より良い読物」をアプリオリに想定すること、つまり「教育的」まなざしに基づいて少年雑誌を作るという制作機制が機能不全を起こし始めている現状へのとまどいなのだ。

〝想像の教導体〟を支えるもの

自らも批判の矢面に立たされたこの時期の〝悪書追放運動〟を回想する手塚治虫の言葉も、こうした『漫画少年』のとまどいと共振している。低俗、残虐、退廃的、有害無益……といった個々の「悪書」批判にはそれなりに同意しながらも、「なにか根本的な問題の検討が欠けている。それは現象面のさまざまな批判より、「なぜ子供は漫画を見るのか？」という本質的な問題提起」が欠けていることを手塚は批判し、そして自問する。「いったい、「良い漫画」とはなんなのか？　それは、父兄や教育者にとって良い漫画なのか？　それとも子供にとってなのか？／もしくは、父兄や教育者に、それでは「真に良い漫画」を選ぶ権利や方法があるのか？」（手塚　一九八八）。読者たる子どもの声が聞かれないまま、善悪の判断を大人が主観的／独断的に下して諒としてしまうことへのためらい。現在でも明確な答えの出ない難問――読者論／読書論的問いが、マンガという（少年雑誌のコンテンツとしては比較的新しい）表現を牽引してきた第一人者によって、そして彼をアイドルとして仰ぎ見つつ、一心不乱にマンガを読み

―描く少年たちの夢の媒体=『漫画少年』によって表明されたことは、やはりどこか徴候的である。

ここで問われているのは、「読者」たる子ども／少年を「大人から何かを伝達される（大人に教導される）べき存在」として見るかどうか、である。「少年雑誌」が公教育を前提としているとき、先の編集長のような疑問は生じない。しかし、そこに公教育が関与しないコンテンツが入り込み始めたとき、「少年雑誌」の〝想像の教導体〟としての機能は失効を余儀なくされる。マンガやテレビ番組、ゲームなどの「正しい」解釈を、公教育では子ども／少年たちに伝達することはできない（なんとなれば、大人よりも接触時間が多く、さまざまに受容・解釈しているのがそれらのコンテンツなのだから）。大人ができることと言えば、（子ども／少年を当然ながら構成員として含まない）ＰＴＡなどを中心に〝悪書追放運動〟を展開するか、法制度による規制を求めることぐらいだろう（「非実在青少年」！）。

ただし精確に言えば、問われているのは「伝達／教導」されるコンテンツではない。「伝達／教導」というコミュニケーションのあり方への信憑が「少年雑誌」の作り手の側にあるかどうか、が問題なのだ。一九六〇年代の『マガジン』は、大伴昌司担当の数々のグラビア図解や「劇画」の押し出しなど、公教育とは無関係のコンテンツ路線によって一世を風靡した。しかし、「伝達／教導」の形式は決して手放さなかった。「情報量の少ないアマチュア（子ども／少年）に、多くを知っているプロ（大人）が与える」という構図は（コンテンツの違いこそあれ）明治期からの「少年雑誌」の形式を引きずっていたのである。「より良い／面白いもの」を知っているのは常に作り手（大人）の側なのだ。つまり、他のマスメディア同様、「少年雑誌」は常に送り手と受け手との間の「情報格差」を自らの存在意義の賭金としてきたのである。

その点、『ジャンプ』は読者が求めているものを実にあっさりと、当の読者自身に尋ねてしまう。皆さんが望んでいるのは何ですか、と。お菓子や日用品ならば当たり前の「ニーズ」調査を、百年以上の歴史を持つ「少年雑誌」はどこかで避けてきた。公教育という同時期に確立した制度と（協働・反目いずれにせよ）足並みを揃え、「情報格差」を前提としたマスメディアとしての地歩を固めてきた歴史を振り返ると、『ジャンプ』が創刊以来当たり前のようにやっていることが異端に見えても仕方がないだろう。それほどまでに「少年雑誌」というメディアは、作り手たる大人にとって〝想像の教導体〟として魅力的だったということである。

〈少年－マンガ－雑誌〉という文化――「商品」にして、「商品」にあらず

「少年雑誌」の正統と異端とが同居している（ように見える）『ジャンプ』のありよう。米沢嘉博は二〇〇三年の段階で、「雑誌、作品個々の魅力を超えた時点で、広がり定着していった「少年ジャンプ」は、作品論としてではなく、メディア、現象の面からとらえるべきテクストである。それはまた、八〇年代における子ども社会、子どもたちの情報社会の形成と大きく関わっている。かつてと大きく変わってしまったマンガの読まれ方は、この雑誌の成長と無縁ではない」と指摘していた（米沢 二〇〇三）。アニメだけでなく、玩具やゲームといった他の娯楽と密接に関連して消費されているのだから、印刷された紙が束ねられ、定期的に発行されるという〈雑誌〉の物質性もまた、現代社会においてはあくまで「商品」として認識されるべきである、ということなのだろう。

また、三ツ谷誠も『ジャンプ』の「資本主義」を次のように指摘している。「教養ある編集者が民を善導したいという動機から提供する作品としてではなく、編集者が最低限のゲートにはなるとしても、最終的にその作品を需要《ママ》し育てるのはあくまで消費者である読者なのだ、という資本主義的な発想が少年ジャンプの連載マンガを淘汰し、常に人気作品が誌上を占めていく。それが創刊当初からの少年ジャンプの強みだった」(三ツ谷 二〇〇九)。「ユーザー」の指向を積極的に(半ば自動的に)吸収する「ビッグデータ」の時代と、「少年まんがは存在しない。あるのは少年雑誌と、内容を喪ったスタイルだけだ」(村上 一九七九)と元マンガ少年が嘆いた頃とは、隔世の感がある。

だが、それでも『ジャンプ』を「少年雑誌」とは別物の何かとする(あるいは逆に、『ジャンプ』こそ「少年雑誌」の正統/正答であり、既存他誌を旧世紀の遺物扱いする)のは早急にすぎる。たとえば先にも触れた西村繁男は、「少年雑誌は、個性を抑えられ、自由な独創的志向を否定され、画一人間に育てられている少年たちを飢えや呻きから解放する場でありたいと思います。/現実の強固な管理社会の中で、とることのできない言動を、虚構の主人公が、行動する。少年雑誌は、少年たちの夢や期待を負った主人公たちが、少年たちのかわりに管理社会と戦う代理戦争の戦場なのです。/主人公とともに戦い、笑い、感動し、欲求不満を解消された少年たちが、現実の管理社会へ勇気を持って戻っていければいいのです」(西村 一九八九)という「少年雑誌」観を披瀝している。外向けのポーズとしてであれ、自らが編集する「少年雑誌」について説明しようとするときに、「戦場」などという時代錯誤的なほど政治的な単語がもちだされてしまう。その程度には、『ジャンプ』にもまだ「少年雑誌」のコミュニケーション機能への信憑がわずかながらも残り続けている、と言うこともできよう。

そもそも、もし『ジャンプ』が単なる「商品」ならば、「少年」の名を冠することに拘泥する必要はないはずである。実際、現在の『ジャンプ』には「少女（を含む女性）」読者が数多くいるし（『ジャンプ』関連の同人誌の作者はほとんどが女性である）、二〇歳以上の元「少年」読者の比率も少なくない。それでも「少年」向けであることを捨てない（『ジャンプSQ.《スクエア》』『最強ジャンプ』など、「ジャンプ」を冠した派生雑誌は近年も創刊されているが、「少年」を誌名に入れているのは二〇一四年現在では『ジャンプ』のみである）のは、〈少年－マンガ－雑誌〉の関係の不思議さをあらわしている。マーケティング論やメディア・イベント論を援用して分析することが妥当な、つまり一般的な「商品」として流通していながら、しかしそれでもまだどこかで「少年雑誌」というカテゴリーだけは作り手の側で捨てきれないことは、〈少年〉というカテゴリーと〈雑誌〉というメディアとがほんの首の皮一枚程度ながら乖離しきれずに結びついていることの（むろん逆説的な）証になっているのである。

マンガを〈文化〉として語るために

ここ数年の「クール・ジャパン」政策において、アニメやゲームなどとともにマンガを海外に売り出そうという動きがある。マンガは日本を代表する〈文化〉のひとつである、しかも「世界に類を見ない特色をもっている」から商品価値がある、ということだろう。ただ、こうした物言いは「何をもってマンガを〈文化〉とするのか」という根本的な問いを棚上げした印象論（もしくは願望）に終始してしまうことも多い。「日本のアニメ、マンガ、ファッション等は、日本の文化的土壌の中で育まれてきたものであり、海外で高く評価されているにもかかわらず、日本人はこれらの持つ潜在力に必ずしも十分気づき、評価してこなかった」（知的財産戦略本部　二〇〇九）という指摘がいみじくも（あるいは無意識に？）示しているように、〈文化〉はある歴史的・社会的な条件＝土壌の中で生まれ、変容していく。その土壌が形成される過程を無視して、そこで咲いた花や成った実だけを利用する（特色を記述できるとする）のは虫のよい話だろう。

誰が・何を・どのように書いた／描いたか（作家論・作品論／表現論）、誰が・何を・どのように読んだか（読者論・読書論）、さらには産業構造や法制度など、社会の中でのマンガのあり方へのアプローチはさまざまに可能である。どれかひとつの視角が優れている、というわけではないし、どれかひとつの視角のみでマンガを語れるわけでもない。というか、マンガについて何ごとかを語ろうとすれば、複数の視角が混在するほかない。そのうち、単行本や雑誌、現在ならＷｅｂ掲載など、作り手と受け手との間のコミュニケーションを媒介する「メディア」のありようは、最も「透明」なものとして看過されがちである。しかし本章で見てきたように、『ジャンプ』ひとつとってみても、その「メディア」としてのあり方は一筋縄では記述できない「不透明さ」をもっている。

「マンガは文化である」と大上段に振りかぶるのも戦略的に悪くはないが、人びとが（描く／作る側も読む側も）参加する運動／出来事としての側面にマンガの〈文化〉的特性を見いだし、迂遠ながらも丁寧に追尾してみるのも、十分「クール」な作業である。

引用・参照文献

大塚英志　一九九二『システムと儀式』ちくま文庫。
大場つぐみ・小畑健　二〇〇九『バクマン。』(第2巻)集英社。
加藤丈夫　二〇〇二『「漫画少年」物語――編集者・加藤謙一伝』都市出版。
木村小舟　一九四二『少年文学史　明治篇』(下巻)童話春秋社。
紅野謙介　二〇〇三『投機としての文学――活字・懸賞・メディア』新曜社。
霜月たかなか　二〇〇八『コミックマーケット創世記』朝日新書。
鈴木三重吉　一九二四「小笠原清次郎宛書簡」(一九三八『鈴木三重吉全集』第六巻、岩波書店、所収)。
知的財産戦略本部　二〇〇九『日本ブランド戦略――ソフトパワー産業を成長の原動力に』http://www.kantei.go.jp/jp/singi/titeki2/houkoku/090310_nihonbland.pdf
手塚治虫　一九八八『ぼくはマンガ家――手塚治虫自伝1』大和書房。
寺田ヒロオ編著　一九八一『「漫画少年」史』湘南出版社。
中野晴行　二〇〇四『マンガ産業論』筑摩書房。
西村繁男　一九八九「少年たちの解放区を　四百万部『少年ジャンプ』の夢」『現代詩手帖』一九八五年一〇月(竹内オサム・村上知彦編　一九八九『マンガ批評大系』第三巻、紀伊國屋書店、所収)。
西村繁男　一九九四『さらば　わが青春の『少年ジャンプ』』飛鳥新社。
三ツ谷誠　二〇〇九『「少年ジャンプ」資本主義』NTT出版。
村上知彦　一九七九『黄昏通信――同時代まんがのために』ブロンズ社。
米沢嘉博　二〇〇三「『少年ジャンプ』の研究　その歴史とシステム」日本児童文学学会編『メディアと児童文学』(研究日本の児童文学5)東京書籍。

おすすめ文献

岩橋郁郎　一九八八『『少年倶楽部』と読者たち』ゾーオン社。
紅野謙介　二〇〇三『投機としての文学――活字・懸賞・メディア』新曜社。

永嶺重敏　一九九七『雑誌と読者の近代』日本エディタースクール出版部。
本田和子　二〇〇〇『子ども一〇〇年のエポック――「児童の世紀」から「子どもの権利条約」まで』フレーベル館。
前田愛　一九七三→二〇〇一『近代読者の成立』岩波現代文庫。

10

メガ・スポーツイベントの力学
オリンピックと都市東京

清水　諭

社会的出来事としてのスポーツ

私たちの日常生活は、映像であふれている。スマホ、パソコン、テレビ、そしてビルの壁面にあるディスプレイには、プライベートな出来事、動画サイトのさまざまな映像、そして商品の宣伝が映し出される。一瞬の映像は、人びとにその商品、人物、社会的出来事のイメージを生起させ、記憶を堆積させていく。グローバル資本企業は、映像テクノロジーの進展とともに商品のイメージを生成し、消費の欲望を喚起する。

こうした日常において、数億人が一つの映像に注目する期間が訪れる。オリンピックやワールドカップ・サッカーのようなメガ・スポーツイベントの開催だ。一九八〇年代以降、スポーツイベントのテレビ中継において、企業はテレビ局にスポンサー料を、そして国際オリンピック委員会（ＩＯＣ）や国際サッカー連盟（ＦＩＦＡ）など国際連盟には商品提供（サプライヤー）の契約により、莫大な金額を支払ってきた。また、テレビ局はＩＯＣやＦＩＦＡなどに多額の放映権料を支出してきた。こうしたメガ・スポーツイベントの構造は、電通などの広告代理店が企業、テレビ局、そしてスポーツ国際連盟の相互関係を取り結ぶことで構築されてきた。スポーツという文化は、企業のマーケティング戦略を前提にした映像資本主義の進展とともに展開されてきたのだ（清水編　二〇〇四）。

こうしたスポーツイベントを社会的出来事として映像を介して周期的に体験するとともに、その開催地になることは、どのような体験と記憶を引き起こし、またどのような問題を生起するのだろうか。オリンピックについていえば、日本は一九四〇年東京、札幌冬季をともに返上し、六四年東京、七二年札幌冬季、九八年長野冬季を開催してきた。招致に向けた活動としては、六〇年東京、六八年札幌冬季、八四年冬季サラエボの代替開催、八八年名古屋、二〇〇八年大阪、一六年東京があり、二〇年に二度目の東京開催が決定した。本章では、これらの歴史を踏まえ、なぜ都市がオリンピック・パラリンピック（ここではオリンピックとする）を招致しようとするのかについて考える。

一九六四年東京オリンピック

ピエール・ド・クーベルタンの尽力によって近代オリンピックとして復興した大会は、ＩＯＣの手によって、一八九六年に第一回大会がアテネで開催された。その後、パリ、セントルイス、ロンドン、ストックホルム、ベルリン（第一次世界大戦で中止）、アントワープ、パリ、アムステルダム、ロサンゼルス、ベルリン、ヘルシンキ（第二次世界大戦で中止、東京返上）、ロンドン（第二次世界大戦で中止）、ロンドン、ヘルシンキ、メルボルン、ローマ、東京、メキシコシティ、ミュンヘン、モントリオール、モスクワ、ロサンゼルス、ソウル、バルセロナ、アトランタ、シドニー、アテネ、北京、ロンドンとさまざまな都市を経巡ってきた。

そのなかで、一九六四年東京オリンピックは、どのような意味をもっていたのか。表1は、東京オリンピック総事業費九八七三億六三〇〇万円の使途をまとめたものである。ここからわかるように、その九七・三％にあたる九六〇八億二九〇〇万円が関連事業費として、インフラ整備にあてられている。東海道新幹線の開通、首都高速道路をはじめとした幹線道路の整備、さらに上下水道とともにごみ処理方法に対応策が講じられ、東京は表面上、衛生的で清潔な都市に変わった。国立競技場ほか明治神宮外苑エリア、代々木第一・第二体育館、NHK放送センターのある代々木エリア、そして駒沢公園となっている駒沢エリアが会場として開発され、それらをつなぐ道路整備が行われた。とくに、青山と渋谷・原宿を通る青山通りができたことは、明治神宮外苑エリア－代々木エリア－駒沢エリアを結ぶだけでなく、そのルートの源としての都心エリア（東京・銀座・国会議事堂）への大動脈として都市機能を一変させるものだった（石渡 二〇〇四）。

この東京のインフラ整備は、都市とそこに暮らす人びとの半世紀先の生活スタイルをデザインするような議論はなされず、私たちが現在の暮らしを「当たり前」と考える前提、すなわち「効率」と「清潔」重視の生活へと転換させた事業だった。東京の変貌は、一九六〇年代の「高度経済成長」と「首都

表１　1964年東京オリンピック総事業費の内訳

東京オリンピック総事業費　9873億6300万円

（単位100万円）

●組織委員会の経費	9,946	⑥その他（3,132）	
●競技施設の建設整備費	16,588	馬事公苑の拡充整備	922
①政府事業（5,120）		日本武道館の建設	2,210
国立競技場の拡充整備	1,178	●関連事業費	960,829
国立屋内総合競技場の建設	3,111	①高速道路など道路整備	175,279
戸田漕艇場の整備	328	②公園整備	3,335
大会参加選手の練習場整備	120	③下水道整備	34,449
秩父宮ラグビー場の整備	73	④上水道整備	38,050
朝霞射撃場の整備	310	⑤隅田川浄化	1,048
②東京都事業（4,696）		⑥清掃施設整備	9,605
駒沢公園の建設	4,673	⑦ワシントンハイツ（米軍宿舎）移転	10,280
陵南運動場の整備	23		
③神奈川県事業（2,879）		⑧横浜港整備	550
湘南港（ヨット競技場）の整備	2,482	⑨東海道新幹線整備	380,000
相模湖漕艇場の建設	380	⑩中央線と環状７号線との立体交差工事	8,637
葉山ヨットハーバーの整備	17	⑪地下鉄整備	189,492
④横浜市事業（389）		⑫私鉄の都心乗り入れ工事	28,513
三ツ沢蹴球場の拡充整備	263	⑬東京国際空港整備	8,576
横浜文化体育館改修と付属施設の建設	107	⑭ホテル・旅館・ユースホステル整備	31,370
競技会場の周辺整備	19	⑮NHK放送センターなど通信施設整備	31,139
⑤埼玉県事業（372）			
大宮蹴球場の建設	230	⑯その他	10,506
所沢クレー射撃場の建設	142		

（オリンピック東京大会組織委員会「公式報告書」から）

（朝日新聞　2006年１月25日）

東京・代々木のワシントンハイツは，占領下の日本で米軍が兵舎や家族用住居等を建設した軍用地（1955年4月撮影）。1964年の東京オリンピック開催時には，返還を経て選手村として利用された。写真提供 共同通信社。

構築」を示す映像的記憶のメルクマールとなり、日本国民はもとより世界の人びとに印象づけられてきた。

　もちろんそれは、川や掘割りが道路に覆われ、排気ガスなど自動車公害のほか、新幹線公害、大気汚染の表面化の中で、人びとの暮らしぶりは元に戻ることなく、永久に走り続けなければならない開発主義一辺倒の思想を基礎にしたものである。都市社会学者の町村敬志は、以下のように述べている。

　1964年東京オリンピックとは、戦前からの皇室用地や軍事用地――GHQによる接収地を含め――の転用として押し進められた。言い換えると、脱皇都化・武装解除と戦後型の新しいナショナリズムの空間の再埋め込みの機会として、オリンピックは活用された。これにより、財源不足で遅れていた東京における「首都」建設が推進されていく。また、山の手や西郊地域に集中していた皇室・軍事関係施設が新たな都市インフラに転用されていったことによって、この地域の都市更新が進む一方で、下町・東郊地域との格差が拡大していった。（町村　二〇〇七）

アジアではじめてのオリンピックは、敗戦後復興した都市東京と日本の人びとを世界に示し、その関連予算のほとんどをインフラ整備にあて、成功裏に祭典の幕を閉じた。その後、名古屋、大阪が招致に手を挙げ、活動を展開したものの、それぞれソウルと北京が開催するに至った。はじめての開催を目指した都市が「二度目の東京」より有利に働いたようだが、東京は石原慎太郎都知事（在職期間一九九九〜二〇一二年）によって、二〇〇五年九月に、一六年オリンピックを招致しようと動き出した。

二〇一六年オリンピック東京招致

開催計画をまとめ、二〇〇八年一月にＩＯＣへ提出した「申請ファイル」の「動機とレガシー」の箇所を読むと、東京オリンピック招致委員会が何を目的として招致しようとしたのかがわかる。

私たちは今、歴史的転換点に立っている。日本は、現在、戦後経験した経済復興、社会復興に匹敵する大きな課題に直面し、その解決に取り組んでいる。だからこそ、二〇一六年の大会を開催することに、一九六四年を超える意義がある。高度な都市化、高齢化、成熟社会といった課題を、世界で最初に、大規模に経験しつつある都市東京、日本。われわれの新しい挑戦は、こうした問題を解決し、新しい未来に向けて生まれ変わることである。（中略）

一九六四年大会の競技会場は、歴史がくれた宝物として現在の東京でも息づいており、スポーツのための重要なオリンピック・レガシーとなっている。これらの施設は、大会開催からほぼ半世紀を経た現在でも、細部まで行き届いた管理を行うことで、現役で活用されている。このことは、東京という都市が持つ力の素晴らしさを証明している。

二〇一六年の開催都市として日本が世界に届ける贈り物は、未来に向けて、他のアジアや世界の国々に、新しい理想のモデルを提供することである。高齢化、経済問題、環境問題、都市問題といった課題は、21世紀の地球的課題である。日本からの贈り物は、オリンピックが届ける贈り物となり、国家や自然環境の違いを超えて、世界中にオリンピック・ムーブメントを行き渡らせることになる。（東京オリンピック招致委員会　二〇〇八）

東京招致の目的は、一九六四年東京オリンピックの「レガシー」を利用しながら、高齢化など福祉社会に適応し、環境問題に配慮した持続可能な都市開発を目指すものと示されている。

「臨海副都心開発」計画

開催都市の選定から落選後、石原慎太郎都知事（当時）は、メインスタジアムや選手村の建設予定地などウォーターフロント・エリアの開発について「活用を本気で考えないと。草ぼうぼうで放っておくわけにはいかない」と述べた（朝日新聞、二〇〇九年一〇月五日）。

まさに東京招致の大きな理由の一つは、ここにある。保守派の鈴木俊一が都知事だった四期一六年（一九七九～一九九五年。鈴木は東京帝国大学法学部を卒業後、内務省、地方自治庁次長を経て、第二次岸信介内閣で内閣官房副長官（一九五八～一九五九）。一九六四年東京オリンピック時に都知事だった東龍太郎のもとで副知事。東知事退任後は、日本万国博覧会協会事務総長、首都高速道路公団理事長を歴任）の間に計画され、遂行されてきた「臨海副都心開発」の継続である。それは、「マイタウン構想懇談会」の設置（一九七九年）に始まり、「東京都長期計画」（一九八二年）、「東京テレポート構想」（一九八五年）、「第二次東京都長期計画」（一九八六年）後の三期にわたる臨海副都心開発計画である。

- 第一期（一九八九～一九九五年）——レインボーブリッジ開通、ゆりかもめ開業（新橋—有明）、テレコムセンター竣工、東京都水の科学館オープン、有明スポーツセンターオープン。
- 第二期（一九九六～二〇〇五年）——東京臨海高速鉄道りんかい線開業（東京テレポート—新木場）、東京ビッグサイト（東京国際展示場）オープン、お台場海浜公園開園ほかさまざまなオフィスビルの竣工。フジテレビ本社屋移転。日本科学未来館オープン。りんかい線が大崎まで延伸、同時にJRとの相互直通運転が開始され、渋谷、新宿、池袋の各副都心と直結。複数のホテル、オフィスビルのオープン。

・第三期（二〇〇六～二〇一五年）——ゆりかもめが豊洲まで延伸され、都心からの道路も整備。東京湾岸警察署が開署。このほか複数の大学、学校、ホテル、オフィスビルなどの設置。

この計画は、革新の青島幸男が都知事だった際（一九九五～一九九九年）に計画の見直しが掲げられたが、石原が都知事になると、東京オリンピックの招致を掲げて、会場建設、交通網ほかのインフラ整備が行われ、「臨海副都心開発」が継続的に推し進められてきた。第三セクターの会社が財政破綻するなど、東京都の「臨海地域開発事業会計」は約四〇〇〇億円の債務を抱えこんだが（滝口 二〇〇九）、二〇一六年東京オリンピックは、この「臨海副都心開発」計画の完成と同時に大々的に行われるシナリオだった。

しかしながら、開・閉会式、陸上競技および男子サッカー決勝戦が予定された一〇万人収容のオリンピックスタジアムを晴海に新設する計画は、IOC委員にそのアクセスの悪さを指摘され、また三方を海に囲まれてテロ対策が難しいことが招致に失敗した一因だったと報道された（朝日新聞、二〇一一年二月八日）。

東京は、一九五〇年代からこの招致活動の時点まで、東龍太郎（一九五九～一九六七年）—（美濃部亮吉）—鈴木俊一（一九七九～一九九五年）—（青島幸男）—石原慎太郎（一九九九～二〇一二年）の三人の保守系都知事を迎え、開発を継続して行ってきた。東京オリンピック招致委員会は、一九五〇年代から今日まで開発主義を推し進めるこの政治的潮流を背景に、一九六四年東京オリンピックの「レガシー」を強調しながら「臨海副都心開発」計画を推進し、その先にオリンピックを描いてきたのである。

私たちは、なぜオリンピックを招致するのかについて、これまでの東京の開発史に目を向け、それを支える思想とともに、自分たちがどのような生き方や暮らし方をしたいのかを踏まえて議論しなければならない。

スポーツ立国論とスポーツ基本法

石原慎太郎都知事（当時）は、二〇一一年六月一七日に都議会の所信表明において、二〇二〇年東京招致を目指す意向を正式に表明した（猪瀬直樹都知事（二〇一二〜二〇一三）に引き継がれ、開催決定）。この日は、一九六四年東京オリンピックを前にして、「スポーツ振興法」が公布（一九六一年）されてから、実に五〇年ぶりの改訂となる「スポーツ基本法」が衆議院と参議院の両院において、全会一致で可決、成立した日である（同年六月二四日公布、八月二四日施行）。そこには国際大会招致に対する政府の支援が明記され、「スポーツの推進は国の責務」であることが明確になった。前文には、以下のことが書かれている。

国民生活における多面にわたるスポーツの果たす役割の重要性に鑑み、スポーツ立国を実現することは、二十一世紀の我が国の発展のために不可欠な重要課題である。（中略）スポーツ立国の実現を目指し、国家戦略として、スポーツに関する施策を総合的かつ計画的に推進するため、この法律を制定する。

このスポーツ基本法の施行に基づいて文部科学省から発表された「スポーツ基本計画」（二〇一二年三月二〇日）には、オリンピックでの金メダル獲得ランキングを夏季大会で世界五位以内、冬季大会で世界一〇位以内にするという具体的な数値目標が掲げられている。スポーツを国家の重要な政治課題としてとらえ、一連の政策の立案と施行を国家戦略としてとらえてきた遠藤利明（元文部科学副大臣）は、「スポーツ基本法」を提案した理由を以下のように述べている。

……基本法を作って何をするかという問題がありました。まず、スポーツを一元的にまとめることです。例えば、障害者スポーツは厚生労働省が取り扱い、スポーツビジネスは経済産業省が取り扱うといった現状を変え、一括することができるスポーツの元締めが必要であると考えました。そうなると、スポーツ庁が必要であるということになります。そして、スポーツ庁を作るための基盤となる法律である「スポーツ基本法」の成立が必要になります。法案を成立させるためには、国民の皆さんにスポーツに対して、もっと興味、関心を持っていただかなければなりません。動機付けとして、オリンピック招致が必要であるということで、二〇一六年東京オリンピック誘致が盛り上がったわけです。（遠藤ほか　二〇一二）

遠藤によれば、オリンピックを招致する目的は以下になる。「一つは、国として成熟して、みんなが次に向けて元気を出していこうというきっかけを作りたいのです。（中略）もう一つは、オリンピックが決まった瞬間に、世界のスポーツ関係者は東京オリンピックが開催されるまでの間、日本を注目しているということです。（中略）大きな日本のプレゼンスになります」（遠藤ほか 二〇一二）。

オリンピズムと文化政策の行方

総事業費の九七・三%にあたる九六〇八億二九〇〇万円がインフラ整備にあてられた一九六四年東京オリンピックは、「高度経済成長」と「首都構築」を示す映像的記憶のメルクマールとなり、日本国民はもとより世界の人びとに都市東京を印象づけた。そして、二〇一六年東京オリンピック招致計画においても、開発主義を基礎にした成長主義と東京への一極集中化は、政治家と官僚をバックに一九六四年の「レガシー」を強調しながら「臨海副都心開発」計画として進行した。さらに、二〇二〇年東京招致の活動においては、オリンピック招致やメダル獲得数が国際社会における国家の位置と関係づけられ、政策課題になった。「スポーツ基本法」の施行をはじめとして、スポーツという文化に対する統治機構の整備と政策実践が積極的に進められたのである。

オリンピックは、IOCの定める『オリンピック憲章』を遵守するなかで展開されるムーブメントであり、その基本理念は「オリンピズムの根本原則」として示されている。

オリンピズムは人生哲学であり、肉体と意志と知性の資質を高めて融合させた、均衡のとれた総体としての人間を目指すものである。スポーツを文化と教育と融合させることで、オリンピズムが求めるものは、努力のうちに見出される喜び、よい手本となる教育的価値、社会的責任、普遍的・基本的・倫理的諸原則の尊重に基づいた生き方の創造である。（国際オリンピック委員会　二〇一一）

これこそ「人間の尊厳保持に重きを置く、平和な社会を推進する」オリンピズムの目的の根底にある根本思想である。そして、根本原則の中に以下のことが書かれている。

スポーツが社会の枠組みの中で行われることを踏まえ、オリンピック・ムーブメントのスポーツ組織は、自律の権利と義務を有する。その自律には、スポーツの規則を設け、それを管理すること、また組織の構成と統治を決定し、いかなる外部の影響も受けることなく選挙を実施する権利、さらに良好な統治原則の適用を保証する責任が含まれる。（国際オリンピック委員会　二〇一一）

ＩＯＣの傘下にある公益財団法人日本オリンピック委員会（ＪＯＣ）は、組織の構成と統治に関して自律性を担保しなければならない。しかしながら、スポーツは国家戦略のひとつに位置づけられ、資金援助が確立されるとともに国家をアピールするためのツールとなった。私たちは、メガ・イベントとしてのオリンピックについて、その理念を踏まえた歴史を振り返りながら、その政治的経済的な側面から事例を検討する必要がある。そこには一瞬の「オリンピックの熱狂」を伝えるメディア報道には見られない数多くの現実が存在する。二〇二〇年東京大会開催決定を、スポーツという文化に関する政策について、政治家、スポーツ関係者、そして民衆が歩み寄り、議論をはじめる契機としたい。

引用・参照文献

石渡雄介　二〇〇四「未来の都市／未来の都市的生活様式――オリンピックの六〇年代東京」清水諭編『オリンピック・スタディーズ――複数の経験・複数の政治』せりか書房。
遠藤利明・友添秀則・清水諭　二〇一二「スポーツ立国論の可能性」友添秀則責任編集『現代スポーツ評論』二六、創文企画。
国際オリンピック委員会　二〇一一『オリンピック憲章』日本オリンピック委員会。
清水諭編　二〇〇四『オリンピック・スタディーズ――複数の経験・複数の政治』せりか書房。
滝口隆司　二〇〇九「東京の五輪招致活動検証――「真の目的」は何だったのか」友添秀則責任編集『現代スポーツ評論』二一、創文企画。
東京オリンピック招致委員会　二〇〇八『申請ファイル――二〇一六年オリンピック競技大会申請都市に対する質問状への回答』東京オリンピック招致委員会。
町村敬志　二〇〇七「メガ・イベントと都市空間――第二ラウンドの「東京オリンピック」の歴史的意味を考える」『スポーツ社会学研究』一五。

おすすめ文献

市川崑総監修　一九六五＝二〇〇四『東京オリンピック』（ＤＶＤ）東宝。
老川慶喜編　二〇〇九『東京オリンピックの社会経済史』日本経済評論社。
片木篤　二〇一〇『オリンピック・シティ東京　１９４０・１９６４』河出書房新社。

坂上康博・高岡裕之編　二〇〇九『幻の東京オリンピックとその時代――戦時期のスポーツ・都市・身体』青弓社。
K・リビングストン　二〇〇五『ロンドンプラン――グレーター・ロンドンの空間開発戦略』ロンドンプラン研究会訳、都市出版。

III

日常の文化

11 ファッションという制度

河原和枝

ファッションと流行

ファッションという英語は「流行」や「風俗」、または「様式」を意味する抽象名詞であり、「今日のファッションは素敵ね」というふうに具体的な衣服をさすのは、いわば日本語化した用法である。しかし、衣服がつねに流行と強く結びついていることを思えば、日本語の「ファッション」もなかなか奥が深い。移ろいやすい流行を追うのは軽薄だとしても、自分に似合い、流行にもあったファッションに身を包んだときは、誰でも何となく気分が軽やかになるものだ。

流行は、われわれが「今」を生きていることを感じさせてくれる。「これが今の流行」と、昨日までのものが否定されることで「今」が際立つ。流行は、二〇世紀初頭にG・ジンメルが述べたように「つねに過去と現在の分水界に立ち」、そのことによって、「他の現象には稀にしかないほどに、強烈な現在の感情」をわれわれに与えてくれる。

ジンメルによれば、人間の生活は、精神に休息（安心）を与える普遍化への努力と、精神を活発にする個別化・特殊化への努力に導かれているが、流行はこれらの二つの基本的傾向をひとつの行為のなかで合流させる「生の形式」である。それは「与えられたもののなかにとどまり、他の人びとと同じことをし、同じものであろうとする憧憬」、つまり社会的均質化・普遍化への傾向と、そこから逸脱して新しいもの、独自のものを求めようとする「個性的差異と変化への傾向」とを合流させるのである。また、人は注目を浴びて自我が強調され、しかも「どことはなしにふさわしくないと感じられる」ときには羞恥心を感じるが、流行の衣服を身に着けた場合は、「範例」に従っているために羞恥心を免れ、「ふさわしいと感じられながら際立つ」ことができる（ジンメル　一九七六）。

ジンメルが観察した当時のドイツ社会では、流行は階級と結びついており、下の階級は上流階級を模倣し、それを吸収しようと努めるのが常であった。そのため上流階級は自らを差異化すべく、たえず新しい流行へと向かう。それゆえ「パリの流行」のように他の文化圏から輸入されるもののほうが入手が容易でないため、より高い価値をもつことになる。流行は気まぐれで、その内容には合目的性がないが、伝わり方は「上から下へ」と一定している。ジンメルは流行をそのようにとらえ、それはのちに「トリクルダウン（滴《したた》り落ち）理論」と呼ばれるようになった。

この「上から下へ」のダイナミズムが、長く西洋近代のファッションの歴史を動かしてきた。「パリの流行」は一七世紀、ルイ一四世の宰相コルベールがモードを産業化したことに始まり、華麗な宮廷ファッションが各国に輸出された。一九世紀に入り機械生産が可能になると、上流階級のファッションを表層的に模倣した大衆的なファッションが誕生した。そして二〇世紀、第一次世界大戦を契機に機能主義の美学が既製服に取り入れられるようになると、一般の人びとのファッションはようやく上流階級の模倣から離れるようになる。しかし、一九五〇年代まで、ファッションは依然、パリのオートクチュールが発信する流行情報に支配されていた。一九六〇年代にミニ・スカートとブルー・ジーンズに代表される「ファッション革命」が起こるまで、ファッションは「上から下へ」と広がっていくものであった。

ファッション革命

「ファッション革命」は、二つの意味において「革命的」であった。ひとつは、西洋近代ファッションの「上から下へ」という流れと無関係に下から流行が生まれ、世界中に広まったこと。もうひとつはファッションが、既成の価値観に対抗する若者のカウンター・カルチャーと結びつき、広く人びとが衣服を積極的な自己主張の手段としてとらえるようになったことである。

ミニ・スカートはもともと、ロンドンで生まれたストリート・ファッションであったが、一九六〇年にマリー・クワントがこれを取り上げ、売り出して以来、若者たちのあいだで爆発的に流行した。ミニ・スカート旋風はイギリスだけでなく先進諸国を席巻し、パリのオートクチュールは流行を後追いするかたちで一九六五年にミニ・スカートを採用した。日本にミニ・スカートが上陸したのも一九六五年で、大人の顰蹙《ひんしゅく》をかいながらも若者たちのあいだに広まり、六八年ごろには若い女性の誰もがミニ・

スカートをはいた。子ども服のように短いミニ・スカートは、従来の大人の洋服が強調してきた道徳と誘惑の二面性を示す「女らしさ」を欠くものであり、純粋に「性」を表すとともに、大人社会の一員になることを拒絶する表現でもあった。

しかし、「ファッション革命」は、たんに流行の発信源や伝わり方の変化をもたらしただけでなく、一九六〇年代にアメリカを中心として起こった文化革命の一翼を担うものでもあった。ヴェトナム戦争で一九六五年に北爆が開始されて以降、アメリカやヨーロッパでは反戦運動が盛んになるとともに、従来の価値観や社会体制に距離を置いた生活をする若者たちが多く登場してきた。彼らが採用したアンチ・ファッションは、彼らが生み出したカウンター・カルチャーの象徴となった。衣服は歴史が始まって以来つねに何らかのかたちでステイタスを表すものであったが、彼らはそれを平等化し、男女の別さえなくそうとした。下層階級の労働着であったジーンズをはき、下着であったTシャツを着、移民たちがアメリカニゼーションのプロセスのなかで捨ててきた民族衣装を身に着けて、五〇年代の規格化された郊外文化と工業社会に異議を申し立てたのである。「ほとんど一夜にして、マス・ファッションの消費産業は時流から外れ、〝流行遅れ〟とな」り、ファッションは自己主張の場となっていった。「六〇年代の急進的な衣服表現は、郊外主義からの隔絶をはっきり主張し、新しい衣服の慣用句を確立させた。……ブルー・ジーンズは、模倣による象徴的贅沢さに反発する平等意識の現れとなり、ダシキを着ることは、ファッションと市場を支配する西欧の美意識に背を向ける姿勢だった。ペザント・ブラウスは、近代的な技術よりも田舎の生活を上とみなす意識の表現だ。……衣服革命は、社会的要求や大衆の表現の鮮やかなイメージ絵図を繰り広げた」（ユーウェン／ユーウェン　一九八八）のである。

ファッション産業は、以後、「ファッション革命」が残した教訓を貪欲に呑み込んで市場に反映させていった。つまり、市場は、画一性を拒否し、自己を主張したいという人びとの欲求を、多様化された衣服の消費へと水路づけることに成功した。普遍化と差異化という流行の原理に従い、ファッションは多様になり、以前にもましてさまざまな意味が付されるようになって、「既製服の形で抵抗と追従の武器」が提供されることになったのである。

　このようにファッションによって自らのアイデンティティを顕示しようとした動きを遡ると、一九世紀のダンディズムに先例が認められる。ダンディズムは一九世紀初頭のロンドン、摂政皇太子（のちのジョージ四世）とその友人「美しき《ボー》ブランメル」の伊達《だて》趣味に端を発する、禁欲的な男性の美学であった。自らの精神の崇高さを外見によって示そうと衣服に耽溺し、完璧な身づくろいのために多大の時間と金銭を費やし、大衆蔑視の態度をとり、「女はダンディの逆」（ボードレール）と見なしもした。フランスの作家バルザックもダンディで知られ、彼は「優雅な生活論」（一八三〇年）にボー・ブランメルを登場させている。バルザックによれば、かつての身分差が歴然とした封建貴族には優雅な生活など考えられなかったが、今日のブルジョワ社会では差異化のためにそれが必要になったという。「一九世紀の指導的思想は人間による人間の搾取を知性による人間の搾取に代えることであるから、われわれが自分の優越性を見せつける方法もよろしくこの高等哲学の影響をこうむらぬわけはなく、今後は物質よりも精神が大いにものを言うことになるだろう」。それゆえ、「優雅な生活論」とは、人間の思考が生活の外面に現れる、その現れ方を集大成したものとなる。平民でありながら洒落者ぶりをかわれてジョージ四世に取り立てられ、ロンドン社交界の花形ともてはやされたボー・ブランメルこそ、その指南役にふさわしかった。

「話したり、歩いたり、服を着たりしたまえ、そうすれば君がどんな人間だか言ってみせよう」。バルザックの言葉は、今も、そのまま通用する。大衆社会の到来に抵抗した、一握りの特権的なダンディたちの豪奢な衣服と、大量生産で誰でも着ることができるラフなジーンズとではまったく正反対のイメージがあるが、衣服で自己を表現しようとした点でつながっている。「ファッション革命」は、ダンディズムのファッション観を大衆化し、今日のわれわれのファッションとアイデンティティとの関わりを準備したということができる。以下では、わが国におけるおおまかなファッションの動きを追いながら、ファッションとアイデンティティの関係について見ていきたい。

「ライフスタイル」を表すファッション

日本では、明治以降、男性は時代とともに洋装化が進んだが、女性のほとんどは着物を着ており、洋服が一般的になったのは戦後のことである。戦後、はじめはアメリカン・スタイルが流行、ついで関心はパリ・モードに移り、六〇年代後半に欧米の若者文化とファッション革命が流入した。千村典生によれば、日本でファッション・ビジネスとかファッション産業といった言葉がさかんに使われるようになったのは、その後の一九七〇年ごろからで、「ファッション（流行）商品であれば、それはファッションの名においてプライスレスとなり、ファッションを作り、ファッションを売るものに高付加価値（粗利益）をもたらす」といった「ファッション神話のようなもの」が広がったという（千村　二〇〇一）。

このころから市場は、高度経済成長の結果、余裕をもつようになった消費者に向けて、ライフスタイル・マーケティングを開始した。衣服の場合も、年ごとの流行色やシルエット以上に、衣服にまつわるイメージやライフスタイルが強調されるようになる。それを端的に表したのが、百貨店やファッション専門店のキャッチフレーズであった。コピーライターがはなやかに活躍し、時代の気分を巧みにとらえて消費に導く存在として若者たちの憧れの職業にもなった。「生きることに敏感な人のPARCO」(パルコ、七二年)、「土曜日には汗を流そう」(伊勢丹、七二年)、「なぜ年齢《とし》をきくの」(同、七五年)、「女の時代」(西武、七九年)、「おいしい生活」(西武、八二年)といったCMやポスターを通し、ファッションを扱う専門店や百貨店が訴えていたのは、ファッショナブルなライフスタイルの夢と、ファッションがライフスタイルを象徴するということであった。

マスメディアも、同様の軌跡をたどっている。一九七〇年、従来の洋裁をする人のためのファッション専門誌ではない、まったく新しいタイプのファッション雑誌が誕生した。まず『an・an』(平凡出版、現マガジンハウス)が、翌七一年には『non・no』(集英社)が創刊されたが、それらはきれいなヴィジュアル誌で、若い女性に既製服をどう着るかを提案し、その洋服のブランド、定価も掲載するという、当時としては画期的なものであった。続いて『JJ』(光文社、七五年)、『CanCam』(小学館、八二年)、『ViVi』(講談社、八三年)、『Ray』(主婦の友社、八八年)など、いわゆる「赤文字雑誌」がこれに続き、女子大生ブームへとつながっていく。各誌のファッション傾向は時代によってそれぞれ異なり変化してもいるが、どの雑誌も、メーカーや小売店と提携し、広告やパブリシティを載せ、憧れのライフスタイルをファッションによって示してみせたことにおいては、共通していた。

S・ユーウェンは、「ライフスタイル」は「たとえ生活の中で実現できなくても、それは人びとに生活の視覚的文法をおしえる一番手近で役に立つ字引となる」という。スタイルは抽象的なイメージであるが、マスメディアは、市場の要請に応え、スタイルにかなう美の枠組に一つひとつ具体的なものをあてはめていく。それゆえマスメディアが提示するスタイルは、人を呪縛する二つの力をもつことになる。

ひとつは、スタイルは自己表現であるという幻想である。われわれは、マスメディアが描いて見せるさまざまな理想のイメージを選んでは、教えられた文法に従ってものを集め、ファッションを身にまとう。しかし、ライフスタイルを選び、日常的にそれを具現する商品を集めていくというプロセスからくる強い能動性の感覚は、われわれに、文法に従っているという最初の受動性を忘れさせてしまう。そのためにあるスタイルに従えば従うほど「私らしい」というパラドクスが生じることになる。

第二はデモクラシーの魔力である。現実には階級や富や権力などに限りなく不公平があるとしても、ライフスタイルは市場で売られ、高度大衆消費社会では誰もが「好みのままに誰かになる象徴的能力」を購入することができる。つまりライフスタイルは「本質において見かけとごまかしの問題であるにせよ、デモクラシーの魔力を提供」するものなのである（ユーウェン　一九九〇）。

かつて精神科医の大平健は『豊かさの精神病理』において、まるで「頭の中にカタログが入っている」かのように自分のもつ高級ブランド品などを次々と列挙し、それによって自身に確固たる「ポリシー」＝スタイルがあることを表現しようとした「〈モノ語り〉の人びと」について述べた（大平　一九九〇）。彼らはいわば、スタイル消費の行き着くひとつの地点を示していた。八〇年代バブル期の志向は今日とはかなり異なるが、何らかの意味での〈モノ語り〉＝スタイル消費は、今もわれわれの生活のなかに見出される。

九〇年代にはファッションはさらに多様化し、海外の高級ブランドの直営店が大都市に軒を連ねるようになった一方で、低価格で品質のよいカジュアルファッションを扱う自社企画ブランドの専門店（SPA）であるGAPやユニクロが人気を呼び、世紀の転換期のユニクロの大ブームは「ユニクロ現象」ともいわれた。また、一〇代を中心に多くの「ストリート系」「ギャル系」ファッションが誕生し、それを後追いするかたちで『CUTiE』（八九年、宝島社）に続き『Zipper』（九三年、祥伝社）、『sweet』（九九年、宝島社）などの「青文字雑誌」が登場し、より高い年齢層にまで広がった。

ファストファッションの隆盛

二〇〇〇年代以降、ファッションは大きな転換期を迎えている。日本のファッション産業が最高権威として範を求めてきたパリ・コレクションは、ファッションの多様化に伴い、かつてのようには流行を託宣する力をもっていないし、高級ブランドの特別な記号的価値も弱まっている。そしてスーパーモデルが現実離れした服を着るパリ・コレクションなどとは「真逆」の、「今まさに旬のもの。ふつうの体型でも似合うし、価格も手頃」なリアルクローズを、人気モデルたちがおしゃれに着こなしてみせる国内のファッションイベントが、若い女性の関心を集めるようになった。リアルクローズという言葉は、七〇年代にベーシックで着回しがきくニューヨークファッションをさして用いられたが、「神戸コレクション」や「東京ガールズコレクション」などが開催されるようになり、現実的な服をさすものとして一般に広まった。「神戸コレクション」は二〇〇二年に「明日すぐに着られる最新トレンドを神戸の女の子の視点でセレクトし、提案する」として、「東京ガールズコレクション」は二〇〇五年に「日本のリアルクローズを世界へ」をテーマに、開始されている（山田　二〇一二）。さらに、二〇〇八年にH＆Mが銀座にオープンして以来、ZARA、フォーエバー21など、グローバルに店舗展開をし、低価格でトレンドに機敏に対応するファッション性の高いファストファッションが急速に広がり、国内のユニクロなどとともにファッション地図を大きく変化させている。

ファッションと同様に、ファッション・メディアもさらに多様化が進んだ。今日、書店のファッション雑誌の巨大なコーナーには、幅広い年齢の読者層と多様な好みに合わせた、おびただしい数の雑誌が並ぶ。各誌がそれぞれのファッション傾向をもちながら、ひとつの雑誌の中でも、たとえば「セクシー系」「モード系」「ナチュラル系」「カジュアル系」「ストリート系」などのファッションが、「ガーリー」「オトナカワイイ」「セレブ」「甘口」「辛口」「キレイめ」「モテ系」等々、多岐にわたるテイストをもったものとして提示される。そのファッションを身にまとうのは、専属モデルや読者モデル、あるいはスナップ写真の海外セレブから一般の人びとまで、これまたさまざまであり、誰もが自分の好みや気分に合わせて簡単にメイクやファッションの見本を手に入れることができる。さらに、SNSを利用し、芸能人や読者モデル、ブロガーなどのブログをチェックして情報を得、雑誌はほとんど見ない、という人もいる。先の「東京ガールズコレクション」のように、携帯でショーの衣服をその場で注文できるシステムもあるし、雑誌を見るようにインターネットの通販サイトを見て、通勤服の着まわしコーディネートをセットで買うこともできる。電通の二〇〇六年のアニュアルレポートは、人びとの消費行動がテレビや雑誌などが情報源であった時代のＡＩＤＭＡ（Attention→Interest→Desire→Memory→Action）から、インターネットの利用によってＡＩＳＡＳ（Attention→Interest→Search→Action→Share）へと変化したという。ファッション情報はクロスメディアの中で、いわば、さまざまな「ハブ」から「フォロワー」へと、網状に広がるようになったといえよう。

アイデンティティをもつ自由

ファッションがこれほど多様な時代は、今までなかった。大学生のファッションも実にさまざまであり、新入生はまず、相手のファッションを見て距離のとり方、関係のつくり方を判断する。その結果、たとえば最初からまったく系統の違うファッションの人が同じグループになることはあまりないし、最初はバラバラのファッションだったグループが、しばらくすると全体的に似た雰囲気になることも多い。ファッションで示される「ゆるふわ」「ナチュラル系」「ロック系」といった「キャラ」はスタイル消費そのものであり、いわばＳＮＳに載せるプロフィールのように自己表明をし、同好の士を求めるのに役立つ。そして友だちになると、よく似たファッションは互いの関係を確認しあい、その関係を楽しむためのアイテムとなる。しかし、友だちどうし似ていてもそっくり同じ、ということにはならない。ファッションに関し、今ほど「私らしさ」を出すために「人とかぶらない」よう、誰もが注意を払っている時代もない。消費の領域で先導された「私らしさ」は、土井隆義が指摘しているように学校現場でも「個性化教育」として強化され、九〇年代以降、「個性的」であることは「規範化された文化目標」となっている（土井 二〇一二）。繊細な人間関係のなかで彼らは、グループの中で浮かない心配りをしつつ、「私らしい」ファッションのために細部を工夫することになる。

それはもちろん、同じテイストのファッションだけを着るということではない。ファッション革命のころのように誰もがジーンズをはいて「自己主張」をした時代から、今や半世紀を経ている。われわれは多種多様なファッションとファッション情報を駆使し、行く場所、会う相手、またその日の気分によって、自由に自分を演出することができる。現代の「流動化社会」では、むしろそのように状況に依存した多元性が「私らしさ」を示すことになる。Z・バウマンはアイデンティティの流動性を強調し、「アイデンティティのほとんどすべてが一過性的、非固定的であることを考えれば、それを空想的に形成するいちばんの近道は、アイデンティティのスーパーマーケットで「適当なものをみてまわる」こと、消費者の自由として、アイデンティティを選択し、好きな期間だけ所持することだろう」と述べ、アイデンティティ形成にはファッションがもっとも効果的であるという。「こうして人々は、アイデンティティを意のままに形成し、自由につくりなおす。あるいは、そうしているかにみえる」のであり、「消費依存、買い物への普遍的依存が、消費社会においては個人的自由、とくに、他者と異なる自由、「アイデンティティをもつ」自由を獲得するための必須条件となる」（バウマン 二〇〇一）。

アイデンティティが本来、曖昧で不安定なものであるにせよ、これまでは社会に組み込まれた何らかのライフスタイルをひとつ選ぶことで、それをアイデンティティと同定し、そこにアイデンティティを繋留しえた。しかし、社会が流動化し、すべてが個人に任される「個人化」が進むと、アイデンティティもそれに対応して流動化せざるをえない。就職活動をする学生は、企業のカラーや職種に合わせ、衣服からヘアスタイル、メガネまで変えることにもなる。そして、外見によって「アイデンティティをもつ自由」が示されるなら、身体もまた、そのためのアイテムとならざるをえない。ただ、多様なファッションとは対照的に、身体は、衣服を自在に着こなすためにスリムで均整がとれていることが望ましいとされ、一律の規範のもとにある。そして人びとは、ダイエットやフィットネス、美容整形等、さまざまな方法によって自分の身体を規範化された身体に近づけようと努める。身体は、ファッションの一部となり、かつてはもって生まれた運命であったものが、今や個人の責任で改善すべきパーツの組み合わせとなり、したがってまた消費のための広大な沃野となっている。

このように、われわれが身体をも含んだファッションに拘泥し、かつファッションに拘束されざるをえないのは、それが近代社会における自我の問題と深く結びついているためである。近代人は、主体的自我をもつ存在だとみなされており、独立した個人として「私らしく」生きることを要請されている（その意味で、自我のあり方もひとつの社会制度といえる）。「アイデンティティをもつ自由」が、たとえ今日、市場の装置のなかで商品を選び購入する自由にすぎないとしても、その自由を放棄することは困難である。ファッションと自我という、ともに不安定な二つの制度は、互いに相手を必要とし、依存しあっているのである。

引用・参照文献

大平健　一九九〇『豊かさの精神病理』岩波新書。

河原和枝　二〇一一「きものというファッション」ひろたまさき・横田冬彦編『異文化交流史の再検討――日本近代の〈経験〉とその周辺』平凡社。
G・ジンメル　一九七六「流行」『文化の哲学』（ジンメル著作集7）円子修平・大久保健治訳、白水社。
千村典生　二〇〇一『戦後ファッションストーリー1945―2000』（増補）平凡社。
土井隆義　二〇一二『少年犯罪〈減少〉のパラドクス』（若者の気分）岩波書店。
Z・バウマン　二〇〇一『リキッド・モダニティ――液状化する社会』森田典正訳、大月書店。
H・バルザック　一九九二「優雅な生活論」『風俗研究』山田登世子訳、藤原書店。
山田桂子　二〇一一『東京ガールズコレクションの経済学』中公新書ラクレ。
S・ユーウェン／E・ユーウェン　一九八八『欲望と消費――トレンドはいかに形づくられるか』小沢瑞穂訳、晶文社。
S・ユーウェン　一九九〇『浪費の政治学――商品としてのスタイル』平野秀秋・中江桂子訳、晶文社。

おすすめ文献

G・ジンメル　一九七六「流行」『文化の哲学』（ジンメル著作集7）円子修平・大久保健治訳、白水社。
Z・バウマン　二〇〇一『リキッド・モダニティ――液状化する社会』森田典正訳、大月書店。
S・ユーウェン／E・ユーウェン　一九八八『欲望と消費――トレンドはいかに形づくられるか』小沢瑞穂訳、晶文社。

12

観光と文化

真正性《オーセンティシティ》をめぐって

野村明宏

文化観光と観光文化

本章で理解しようとしているのは、私たちの社会の中で観光と文化がどのように結びつき、関係を深めているかということである。両者の関係を論じるのは、一見容易にみえて、実はなかなか複雑で込み入った作業となる。まず文化社会学や観光社会学の領域から論点を三つに整理することから議論を始めてみよう。第一点目は、「観光対象としての文化」についてである。観光客《ツーリスト》たちはどのような文化に目を向け、観光すべき価値あるものとみなしてきたのか。観光はどのように文化を語り、語らなかったのか。こうした問いかけからの考察では、観光による文化の序列化や価値づけに目を向けるだけでなく、観光対象に選ばれず見過ごされてきたものへの隠蔽や排除についての分析も含まれるだろう。たとえば異国情緒あふれる港町では、瀟洒な西洋建築がおしゃれな観光スポットとして脚光を浴びる。ただしその街並みの由来は、暴力や収奪、差別の経験が刻印された植民地支配の歴史と切り離せないことが多い。観光がそれらの「負の歴史」を街のイメージに似つかわしくないものとして隠蔽し忘却してしまうのであれば、観光が現地文化の資源《リソース》とどのようにつながり、あるいは切り離されているのかについても関心が向けられることになる。

つぎの第二点目は、「観光が及ぼす現地文化への影響」である。これは、先述の観点とは異なり、観光と対象文化との影響関係や相互作用に焦点を当てている。観光活動は、観光地や観光対象を変質させ、ときに甚大なインパクトを与えてきた。経済的側面や自然環境・生活環境への負荷などについては、これまで多くの時間が議論に割かれてきた。観光活動は、「文化の破壊者」としてしばしば糾弾されることもある。たとえば、ツーリズムが持ち込む貨幣経済が「未開社会」に拝金主義をはびこらせたといった批判は、その典型例だろう。むろんその一方で、伝統文化の存続に対して観光活動が果たす貢献も無視できない。変化の激しい現代社会において、文化遺産や産業遺産などが朽ち果てず保存できるかどうかに関しては、ツーリズムによる「文化の商品化」の果たす役割が良くも悪くも大きい。戦跡や強制収容所跡、虐殺現場跡、災害遺構などをめぐる「ダークツーリズム」には毀誉褒貶が激しいものの、観光ビジネスが人類の悲劇や苦難といった「負の歴史」の風化に歯止めをかけているケースは少なからずある。ここでは、観光が文化の保存と変容をめぐって、さまざまなジレンマを抱え込んでいることがわかるだろう。

最後の第三点目は、「文化現象としての観光」への注目である。観光という活動自体、近代の大衆社会で普及したレジャーや遊びであり、特定の時代や社会の様式を示すひとつの文化現象といえる。留意しておきたいのは、観光は、対象に対してメタレベルの位置（観察者の位置）にありながら、その観察対象と同じく文化であるという点である。ポストモダン的に穿ったツーリストであれば、「観光文化」を観光することも不可能ではない。たとえば、ディズニーランドの盛況ぶりを冷やかし半分に見物しているツーリストには、この観光文化観光というシニカルな視線が混じっているかもしれない。エッフェル塔やエンパイアステートビルディングは、すでに世界一高いタワーでもビルでもない。しかし誰もが知っている観光地だからこそ、誰もが一度は訪れてみたいと望む観光地となっている。有名だから有名になるという再帰的な循環構造は、同様のポストモダン的なシニシズム――観光対象の価値を自分も含め世間は信じておらず、それが無根拠であったり、虚偽であったりすることを承知しているにもかかわらず、現状の共通了解（お約束）としてあえてしたがい、戯れてみせる態度――に支えられている。

以上のとおり整理した「観光対象としての文化」「観光が及ぼす現地文化への影響」「文化現象としての観光」という三つの論点は、必ずしも観光社会学の中で明確に区別されて論じられてきたわけではないが、観光と文化に関する理解を深めるための切り口として有効だろう。本章ではとくに「文化現象としての観光」を中心に考察を進めるが、さらに観光社会学関連の主要な概念のいくつか――「観光のまなざし」「擬似イベント」「真正性《オーセンティシティ》」「シミュラークル」等――にも触れながら観光と文化の関係について考えていくことにしたい。

それらの考察の先には、われわれの日常の生活や文化そのものが観光化している状況が垣間見えてくるはずである。

平等社会の差異化競争

広い意味での「旅行」についていえば、宗教上の巡礼などの他、一七世紀末に英国貴族の子弟が始め、フランスやイタリアの都市を数年にわたり周遊した「グランドツアー」がよく知られている。外国語や教養、礼儀作法を身につけ審美眼を養うことを名目にしたこの周遊旅行は、ヨーロッパの上流階級の間に普及し一九世紀まで続けられた。ただし、こうした旅行は限られた階級のものであり、観光とは区別した方がよい。現代の観光が「労働」と区別された「余暇」に含まれるのに対して、労働を免れている貴族たちにとってはそもそも余暇も存在せず、この点でも貴族たちのグランドツアーは、「観光」とは異なるタイプの旅行といえるだろう。

グランドツアー時代の貴族の旅は主に馬車による移動だったが、大量輸送を可能にする鉄道の登場は、一九世紀に観光の時代をもたらす一大契機だった。一八二五年に英国のストックトンとダーリントン間に敷設されたはじめての鉄道の開業から一六年後の一八四一年、熱心な禁酒運動家であったトーマス・クックが鉄道での団体旅行を企画し、労働者階級に観光の楽しみを提供した。クックは、余暇といえば飲酒くらいしかなかった当時の労働者たちに観光という新たな娯楽をもたらしたのである。

一方、鉄道旅行の広がりに不満を抱く人たちもいた。たとえば、一九世紀半ばドイツのハノーファー王は「靴屋や洋服屋がみんな、余とおなじスピードで旅行できるなどいやなことだ」と憤慨したという（レシュブルク　一九九九）。たしかに鉄道は、かつての旅が貴族や上流階級に与えていた特権性を奪ったのかもしれない。乗客たちは、高い席であろうが安い席であろうが、同じ景色を眺め、同時刻に目的地に到着する。鉄道旅行は、社会の平等化や民主化を目に見えるかたちで示したといえよう。

さらに付け加えれば、二〇世紀以降、映画やテレビなどの視覚中心のマスメディアが発達、普及したことによって、それまで階級ごとにあった独自の情報体系が弱まっていく。それに伴い階級間の文化的差異は縮小し、趣味や娯楽も大差のないものとなった。メディア環境の変容によっても観光の階級差は薄まり、均質化していったのである（アーリ他 二〇一四）。

しかし見方を変えれば、観光は熾烈な差異化競争でもある。鉄道や汽船、大型旅客機などは、ファーストクラスやビジネスクラス、エコノミークラス、あるいは一等車両と二等車両など細かい差別化がなされている。鉄道や旅客機といった移動手段が欠かせない観光は、民主化後にも堂々と残されている「階級社会」ともいえる。あるいはベデカーのガイドブックが始めた星評価によって、訪れるべき観光地やホテル、レストランなどは星の数で等級に分けられ、ひと目でわかる差別化が施されるようになった。近代の観光は、平等化と差異化が両立することで成り立っているシステムといえよう。

ふたつの観光のまなざし

決まりきった日常生活の労働の義務や人間関係のしがらみから抜け出て、余暇を過ごすことは自由を手にすることを意味する。余暇に自分がどのような観光地を訪れ、どのような景色や街並みを観光の見所とみなすのかは、自由な〈わたし〉の個性の表明ともなる。

ただし、こうした個性は、社会的に構造化され組織化された「観光のまなざし」のもとにある。ジョン・アーリが指摘したように、観光地は記号の集積であり、目の前に現れる「風景」は記号を通してすでに構築されている（アーリ他 二〇一四）。パリの街角やバンコクの寺院でツーリストのまなざしがとらえるものは、すでにマスメディアによってイメージ化されてきたロマンティックな「花の都パリ」であり、エキゾティックな「微笑みの国タイ」というわけである。

こうした観光のまなざしには、「集合的」なものと「ロマン主義的」なものとがある。たとえば、夏祭りに集まった群衆の動きに身を任せながらそぞろ歩きしているとき、人びとの熱気を感じたり、妙な一体感がかきたてられたりする。そうした観光経験は集合的まなざしによって得られる。ビーチリゾートが芋の子を洗うように混み合っていること自体、リゾート地の雰囲気を盛り立て、観光地の風景をつくりだしている。閑散とした観光地はそれだけで魅力を失ってしまう。集合的まなざしを向けながらツーリストは観光地を消費しているのである。

むろん、観光地の人混みや俗っぽさを避けて、自然美に独り静かに浸りたいツーリストも多いことだろう。ロマン主義的なまなざしはこうしたツーリストのまなざしである。集合的まなざしが大衆的で平等主義的な性格をもつ一方で、ロマン主義的まなざしは、エリート主義的であり、孤独で内面に向かうような観光のフレームである。ロマン主義は、近代人（あるいは文明人）であれば誰もが自然に対して感動できるのだという考えを打ち出し、「風景」を発見した。しかしそれゆえに「自然」を愛するということは、ある種の教養や「文明」の証しにもなる。農村を訪れ田園風景を愛でている都会の教養人は、その風景を「美しい」と感じる自分の感性にもうっとりしている。水平線に沈む夕日に陶酔するツーリストは、インテリ都会人のメンタリティを内面化し、悦に入っている。ビーチリゾートの誕生以前には、漁村の家屋は海岸に背を向けて建てられていたことも多かった。海は漁場でしかなかったからだ。同様に、急峻な山々は、観光のまなざしがなければ、行く手を阻む単なる障害物でしかない。こうした認識を改めさせたのがロマン主義的まなざしである。ロマン主義文学の祖のひとり、J-J・ルソーが『告白』（一七六六年頃）でスイスの山々を称賛し、神秘的で荘厳な「風景」を情熱的に語って以来、スイスの山岳風景は各自が孤独に享受したいと願うような「自然の霊場の一種」になった（アーリ他　二〇一四）。

こうした集合的まなざしとロマン主義的まなざしによる観光地の選別は、ツーリストの個性の表明である一方で、階級性を帯びたものでもあり、共同性／個別性、平等化／差異化が観光の中で両立していることを示している。

擬似イベントを楽しむツーリスト

クックの伝記を著したピアーズ・ブレンドンは、観光の特徴を次のように簡潔に述べている。「探検 exploration とは未知 unknown の発見である。旅 travel とはあまりよく知られていないもの ill-known の発見である。そして観光 tourism とは、よく知られているもの well-known の発見である」（ブレンドン　一九九五）。

観光を「well-known の発見」としてとらえる観点は、いうまでもなくアーリの「観光のまなざし論」と通底するものがある。ツーリストは出かける前から小説やテレビ、映画や雑誌、ガイドブックなど、さまざまなメディアを通して観光地をすでによく知っている。

こうした観光についての認識は、ダニエル・ブーアスティンの「擬似イベント論」を先駆として繰り返し論じられてきた。マスメディアによるイメージの大量生産と氾濫のなかで、大衆は「本物」よりも「本物らしさ」を求め、「リアル」よりも「リアルっぽさ」を好むようになり、メディアはそうした大衆のテイストに合わせた「リアリティ」を探し出し、伝える（ときに大衆受けを狙って歪曲する）。ブーアスティンにいわせれば、ツーリストも同様で「現実によってイメージを確かめるのではなく、イメージによって現実を確かめるために旅行」する（ブーアスティン　一九六四）。とりわけ旅には、不確定性や偶然性の要素も付きまとうため、つねに予定どおりというわけにはいかない。時間や場所に融通の利かない本物の儀式を見るよりはむしろ、毎日何度も繰り返されている、本物らしいニセモノ（擬似イベント）のアトラクションの方がマスツーリズムには好都合なわけだ。

効率優先で予定調和的なパッケージツアーに満足しているツーリストたちを、本物を求めない受動的な存在としてブーアスティンは批判した。しかしながら、彼の視点は、擬似イベントを享受する大衆の価値観や欲望をまがいものとして貶め、その対比によって「本物」を賛美するエリート主義的な見方に立っている。

ディーン・マキャーネルは、ブーアスティンに反論し、現代のツーリストもまた本物や「オーセンティシティ（真正性）」を探し求めていることを力説している。ここでいうオーセンティシティとは、人為的に飾り立てられた観光用の見世物にはないが、観光地の住人たちが自分たち自身のために忠実につくりあげてきた文化や伝統にはあるとされる「オーラ」のようなものだ。マキャーネルにいわせれば、現代の疎外された人間が無味乾燥な日常から抜け出し、旅先でかけがえのないオーセンティックな体験をし、本来の自分を取り戻すことのできる非日常を提供している文化こそが観光なのである。

真正性《オーセンティシティ》を求めるツーリスト

E・ゴフマンやA・R・ホックシールドが明らかにしてきたように、近現代社会においては、人間関係の円滑化や地位上昇のための手段として、印象操作や感情管理をおこなうことが当たり前になっている。そうした時代状況では反面で、管理されていないオーセンティックなものへの憧れが強まることになる。ひとや社会、文化がイメージや見せかけだけの表層的なものに覆われ、人工的に管理されるようになればなるほど、何も手を加えられていない「自然」なままの状態やオーセンティックなものに対して、人びとは憧憬し、より一層の価値を与えようとする。

マキャーネルは、ツーリストが求めているのも、擬似イベントではなく、オーセンティシティなのだという。彼は、ゴフマンの用語を借りて、ツーリストは表舞台（front region）ではなく、舞台裏（back region）を垣間見てみたいのだと表現する。表舞台とは、ツーリストのために設えられ、地元の人間でなくとも誰もが観ることのできる擬似イベントの開催場所である。しかし、ツーリストが望んでいるのは、たとえば現地の人たちの普段の暮らしぶりを間近で見たり体験したりすることなのだ。

とはいうものの、ツーリストが舞台裏を目にできたと思っても、はたしてそれが本物の舞台裏だったのかどうかは、実のところ確かめられるわけではない。ツーリスト向けに周到に「本物らしさ」を演出したものかもしれないからだ。マキャーネルはそれを「演出されたオーセンティシティ」と呼ぶ（マキャーネル　二〇一二）。オープンキッチンスタイルのレストランはその最たる例であるが、ＵＳＪ（ユニバーサル・スタジオ・ジャパン）、ケネディ宇宙センターの見学ツアーなども、映画の撮影セットや宇宙開発の現場をさらけ出すようにして「演出されたオーセンティシティ」で楽しませようとしている。身近な例では、日本酒の蔵元やビール工場の見学ツアーなども挙げられるだろう。

自然の景観美の多くも同様である。人の手が入らなければ自然はたちまち荒れ果て、危険にもなる。自然を「より自然」にみせるための演出は、いわば「ナチュラル・メイク」のように化粧していることを主張しない化粧のようなものだが、エコツアーやグリーンツーリズムなどでも「自然を演出していない」ことを演出してオーセンティシティに触れさせている場合もあるだろう。

ツーリストの側では、まがいものの演出にたやすく騙されないように「疑いのまなざし」（ブルーナー　二〇〇七）を向けながら、オーセンティシティを追求することになる。したがって、擬似イベントを楽しむツーリストはマスメディアに従順で受動的である一方、「疑いのまなざし」を向けるツーリストは、積極的に観光地の裏を読み解こうとしており能動的だといえよう。この二つの視点では、ツーリスト像が正反対に異なっているのである。

観光経験が「オーセンティシティの追求」なのか「擬似イベントの経験」なのかという対立軸は、多様なツーリスト像を想定することで「両論併記」しておくこともできる。エリク・コーエンは、観光にはオーセンティシティの追求だけではなく、いろいろな旅のスタンスがあると論じ、それぞれを「レクリエーションモード／気晴らしモード／経験モード／体験（探求）モード／実存モード」に分類している（Cohen 1979）。こうしたモードは、一時の娯楽のための表層的な旅から人生の意味を探求する深層の旅までの経験を包括している。ひとりのツーリストのなかでも、複数のモードを使い分けているというのが実情だろう。たとえ宗教巡礼のようなオーセンティシティの求道者であっても、娯楽や気晴らしが入り混じるのが古くからの旅の醍醐味だった。聖なるものと俗なるものは、旅という「遊」を介する際には、鋭く対立し合うのではなく、互いを相対化しながら緩やかに交錯してきたといえるだろう。

現実とイメージの転倒

オーセンティシティの問題は、現代ではすでに大きな問題ではないと考えることも可能である。ポストコロニアルの現代において、伝統やオーセンティックな文化と呼ばれてきたものは、すでに西欧化や近代化の波を受け雑種化しており、現地の人びともまた一枚岩ではなく、統一的なコミュニティを前提に観光のまなざしを向けることはできなくなっているからだ。グローバル化が進展するなかでは、限定的で均質な「文化」や「民族」の存在は幻想であることが露呈する。

あるいはまた、一見、古くからの文化、伝統に見えるような儀礼や芸能、祭りなどが、西洋との接触や観光の要望に応えるために人為的に創出されたものの、いまや立派に現地文化として浸透し、自分たちのアイデンティティの拠り所になっているというケースも枚挙に暇がない（たとえばバリ島やハワイの芸能、日本ではよさこいやエイサーなどの「伝統の創造」）。観光のまなざしは、観光対象とされる当事者たちにも内面化され、イメージに沿って現実の方がつくりかえられ変容していくことも多い。

ブーアスティンが紹介した次のユーモラスな「伝説」もそうした例である。

第一次大戦前のベルリンには、次のような伝説がある。昼の一二時の鐘が鳴り、軍楽隊が宮殿の前で日課となっている演奏会を始めると、ウィルヘルム皇帝は何をしていても直ちにそれを中止した。枢密院会議に出席している場合には、皇帝はこう挨拶した。「紳士諸君、諸君の寛大な許しを得て、予はしばらく退席し、窓に出たいと思う。ご承知の通り、ベデカーのガイドブックには、この時刻には予はいつもそうすると書いてあるからである。」（ブーアスティン　一九六四）

このエピソードが興味深いのは、現実とそのイメージの関係の転倒にある。本来、イメージは現実をコピーしたものだが、イメージが流布することによって、主従が逆転し、現実の方が自らのイメージにひきずられるようにして書き換えられるのだ。

シミュラークルとオーセンティシティの喪失

ウィルヘルム皇帝のエピソードでは、まだイメージに対するオリジナルやホンモノの存在（ここではウィルヘルム皇帝本人）が前提となっていた。しかし、そうしたオーセンティシティに依存しない観光のスタイルも現代の主流になりつつある。ディズニーランドは、その代表例だろう。いうまでもなくディズニーランドはディズニーアニメのファンタジー世界に三次元のかたちを与えたテーマパークである。

そこには、ホンモノとニセモノ、オリジナルとコピーといった優劣関係は失われている。ディズニーランド（カリフォルニア）の「眠れる森の美女」の城のモデルといわれているドイツ・ロマンティック街道のノイシュヴァンシュタイン城でさえ、正確にはオリジナルな参照対象とはいえない。というのも、バイエルン王ルートヴィヒⅡ世が建てたノイシュヴァンシュタイン城自体、彼が崇拝したリヒャルト・ワーグナーによる歌劇『ローエングリン』の城のイメージを具現化したものにすぎないからだ。

このようにディズニーランドは、オリジナル／コピー、リアル／フィクション、ホンモノ／ニセモノの区別をもたないシミュラークルの場で閉じられている（J・ボードリヤール）。ディズニーランドの着ぐるみのミッキーマウスにはオーセンティシティはないが、擬似イベントでもない。ミッキーマウスの着ぐるみは、「ミッキーマウス」という記号を示しているだけだ。ミッキーマウスはミッキーマウスであるかないかのいずれかであって、「ミッキーマウスらしいミッキーマウス」も「ミッキーマウスらしくないミッキーマウス」も存在しない（本物か偽物かはあっても、「本物らしさ」はミッキーにはない）。それは舞台裏や外部の支えを必要としないまま、表層のみで自律した自己準拠的空間である。しかしそうしたことは、ツーリストにとって問題ではない。ミッキーマウスの着ぐるみの中には汗だくの人間が入っていることも承知の上で人びとは無邪気に楽しむことができるのだ（それは、アニメのキャラクターの声が、声優の容姿と切り離されて享受される場合と似ている）。ここでは、ホストもゲストもカッコつきの「夢の世界」にいることを〝お約束〟の前提にして、あえてファンタジーを「ホンモノ」とみなして楽しんでいる。

上述のブーアスティンの擬似イベント論もマキャーネルの「演出されたオーセンティシティ」も「ホ

ンモノ／ニセモノ」の対比を前提にしていた。しかし、ディズニーランドが示すことは、現代社会ではそうした二項図式が失効していても観光は支障なく成立するようになったということである。むしろ、オーセンティシティの追求など端から気にしないスタイルが、現代観光のデフォルトになっている場合も――とりわけ若者の間では――珍しくない。

観光化する日常

オーセンティシティや擬似イベントから観光の軸が移動し、すべてが表層的なイメージによって閉じられ、外部を喪失しているのであれば、ツーリストたちはもはや日常から脱出し非日常を希求することもなくなる。日常や現実の生活空間こそが、スペクタクル化（G・ドゥボール）し、観光化していくのかもしれない。

たとえば近年注目されているアニメ聖地巡礼は、アニメやマンガの舞台としてトレースされた現場を探し当て、なんの変哲もない景色を二次元の想像世界と重ね合わせる新しい観光の試みである。ここでの観光のまなざしの先には、現実をイマジネーションの世界に重ね、重層的なリアリティを形成している「拡張現実（AR＝augmented reality）」がある。ARを駆使するツーリストは、消費者《コンシューマー》であると同時に生産者《プロデューサー》でもある生産消費者《プロシューマー》となって積極的に価値の創出に関与する。プロシューマー化したツーリストは、干からびた現実に新たな意味を書き重ね、ディズニー的な世界を日常の現実にまで押し広げようと試みているのかもしれない。

引用・参照文献

J・アーリ／J・ラースン　二〇一四『観光のまなざし』（増補改訂版）加太宏邦訳、法政大学出版局。
柄谷行人　一九八〇『日本近代文学の起源』講談社。
V・L・スミス編　一九九一『観光・リゾート開発の人類学――ホスト&ゲスト論でみる地域文化の対応』三村浩史監訳、勁草書房。
D・J・ブーアスティン　一九六四『幻影（イメジ）の時代――マスコミが製造する事実』星野郁美・後藤和彦訳、東京創元社。
E・M・ブルーナー　二〇〇七『観光と文化――旅の民族誌』安村克己ほか訳、学文社。
P・ブレンドン　一九九五『トマス・クック物語――近代ツーリズムの創始者』石井昭夫訳、中央公論社。
本城靖久　一九八三『グランド・ツアー――良き時代の良き旅』中公新書。
D・マキャーネル　二〇一二『ザ・ツーリスト――高度近代社会の構造分析』安村克己ほか訳、学文社。
W・レシュブルク　一九九九『旅行の進化論』林龍代・林健生訳、青弓社。
E. Cohen 1979 "A Phenomenology of Tourist Experiences," *Sociology* 13(2).

おすすめ文献

石森秀三編　一九九六『観光の二〇世紀』ドメス出版。
L・トリリング　一九八九『〈誠実〉と〈ほんもの〉――近代自我の確立と崩壊』野島秀勝訳、法政大学出版局。
安村克己・堀野正人・遠藤英樹・寺岡伸悟編　二〇一一『よくわかる観光社会学』ミネルヴァ書房。
Y. Apostolopoulos, S. Leivadi and A. Yiannakis（eds.）1996 *The Sociology of Tourism: Theoretical and Empirical Investigations*, Routledge.

13 愛と性の文化

牟田和恵

文化としての「愛」と「性」

「文化」を、辞書にあるように、衣食住はじめ技術・学問・芸術・道徳・宗教・政治などの「人間が自然に手を加えて形成してきた物心両面の成果」(広辞苑)のことだととらえるとすれば、恋愛やセックスは、それらを扱う文学や映画などの芸術作品でもなければ、文化とはあまり縁のないことがらであるかのように思えるかもしれない。性は、ときには理性の効かない「動物的本能」に駆り立てられるものだとしばしば信じられているし、「愛」も個人の自由な情熱の発露として生まれるものだと考えるなら、「文化」と呼ぶには馴染まないように見える。しかし、人が、どのような他者にどのような種類の感情を抱くようになるのか、どのように性的欲求を抱いてどのような性行動をとるのかは、個人がオリジナルに生み出すものではなく、社会が命ずるパターンから決して自由ではない。「愛」も「性」も文化の一形式なのである。

恋愛という強迫

私たちの周りには、恋愛や性にまつわる情報や事象が日常的に溢れている。とくに若い世代にとってはそうだろう。中学生（最近では小学生も）向けから社会人向けまで、雑誌は彼・彼女を「ゲットする」ためのノウハウを繰り返し特集し、映画やテレビドラマ、小説もさまざまな恋愛模様を描く。インターネットにも異性と出会う情報や性的情報が限りなくある。それらのなかでは、恋愛もセックスも、多くの人たちが素晴らしい、（苦しみや辛さを伴っているとしても）刺激的な体験として実践しているようで、二〇歳をすぎても恋愛経験や性体験がないのは、肩身が狭く、自身に魅力がないのを暴露しているような気にすらさせられる。

二〇〇八年六月八日に起こった秋葉原無差別殺人事件は、そうした社会風潮がもっともネガティブな形で現れたかのように思える事件だった。「オタク」の聖地として知られる東京の秋葉原、日曜日の歩行者天国で買い物客や観光客でにぎわっている交差点に、元自動車工場派遣社員である犯人（当時二五歳）の運転する二トントラックが赤信号を無視して突入、青信号を横断中の歩行者五人をはねとばした。さらに、犯人はトラックを降り、所持していたナイフで被害者の救護に駆けつけた通行人・警官らを殺傷、七人が死亡、一〇人が負傷した。この大事件を起こした犯人は、事件の直前の犯行予告を含めて、携帯サイトの電子掲示板で一〇〇〇回にもおよぶ書き込みを行っていたが、その中で、「ブサイクだから彼女ができない」、「恋人がいればこんなことにはならなかった」と、「モテない」コンプレックスがこの衝撃的な事件の動機であるかのような発言を繰り返していた。

この事件では、本人の主観は別として、彼女がいなかったなどの個人的な理由ではなく、派遣労働者として職場で疎外されたあげくその職をも失っていた事情など、社会経済的な側面から犯人が閉塞感を抱いていたであろうことを忘れるわけにはいかないが（中島 二〇一一）、この事件をきっかけに「非モテ」「恋愛格差」などの言葉がマスメディアやインターネット上で頻繁に語られることとなった。それらの報道と人びとの関心の大きさは、恋愛が現代社会では特別の価値を与えられていることを浮かび上がらせた。

現実の恋愛経験

これほど、強迫観念であるかのように、恋愛が人間、とくに若い人にとっての「マスト」（必須事項）になっているかのような風潮の一方、調査によれば、現実には恋愛や性体験をしている未婚者は、むしろ減少傾向にある。

国立社会保障・人口問題研究所が二〇一〇年に行った第一四回出生動向基本調査（結婚と出産に関する全国調査）の独身者調査の結果概要によると、異性の交際相手をもたない未婚者（一八〜三四歳）が増加しており、男性で六割（六一・四％）、女性で五割（四九・五％）にのぼる（同調査は、交際相手を「異性」と限定して問うており、同性を性愛の対象とする人びとの存在は考慮外であるようだ。「出生動向」に関する調査であることからの限定とも考えられるが、本章で後述する、異性愛中心主義（ヘテロノーマティビティ）のあらわれでもあるだろう）。これは、前回調査（二〇〇五年）の男性（五二・二％）、女性（四四・七％）から、いずれも上昇している。また、交際相手をもたず、かつ交際を望んでいない未婚者が、男性では全体の二七・六％、女性では二二・六％を占めている。性経験についても、第一四回調査では、三〇代前半の未婚女性を除き、男女いずれの年齢層でも性経験がないと回答した割合が前回よりも上昇した。性経験のある未婚者割合は、男性ではそれまでの上昇傾向が一九九〇年代後半から頭打ちとなっていたが、女性でも二〇〇〇年代に入って上昇に歯止めがかかっているのだ。男性で、大学生などもっとも自由で恋愛や性を楽しんでいるイメージのある二〇〜二四歳で性経験なしが四〇・五％で、これは最近約二〇年のうちで最高に上っており、二五〜二九歳でも二五・一％、三〇〜三四歳で二六・一％存在する。女性も男性とほぼ同じ数字で、おおむね割合が上昇している（http://www.ipss.go.jp/ps-doukou/j/doukou14_s/chapter2.html#21）。

これはいったいどういうことなのだろうか。情報が溢れ、自分にはできないからと殺人を犯す者さえいるというのに、半数（男性では半数以上）はしておらず、したくないといっている者も少なからずいる、恋愛。結婚前は性関係をもってはならないとする規範はとっくに失せたのに、性体験の未経験者はむしろ増えている現代。

このことにはいくつかの解釈ができるだろう。一つは、「異性との交際を望んでいない」と答えた人びとは、本当は交際や恋愛を楽しみたいのだけれど、その望みはなかなかかなわないから、ただあきらめているだけで、「望まない」というのは負け惜しみか開き直りだという可能性。秋葉原事件の犯人も、もしこのアンケートに回答を求められていたら、犯罪にも至るような深い葛藤を抱えていただけに、素直に「交際を望んでいる」とは回答しなかったかもしれない。

他方、「恋愛なんて要らない」と本当に考えている人びともいる可能性もある。「恋愛は素晴らしい」「セックスは刺激的」と情報は溢れているけれども、実際には、少なくとも一部の人々は、それほどよいものなのか、必ずしもそうは思えないと、違うリアリティをもっているのではないか。それを考えるために、恋愛というものが生まれてきた歴史をたどってみよう。

恋愛の歴史と凡庸化

恋愛の歴史、などというと違和感をもつ人もいるかもしれないが、そもそも、「恋愛」という形式は、普遍的な男女のつながりというわけではなく、歴史的に特殊に生まれてきたものであることをまず知っておく必要がある。「恋愛」の言葉自体、明治になって欧米文化の影響のもと、翻訳語として日本語に登場した。もちろん、男女が互いに情緒的・性的に深いコミットメントをすることは時代を超えてあっただろう。日本の文学史を眺めても、万葉集の相聞歌や源氏物語などからよくわかるように男女の情愛は古代以来重要なテーマであるし、江戸期の好色文学も有名だ。また歴史的な事実として、近代以前の農村では、夜這いや若者宿で知られるように互いに好意をもった若い男女が性交渉を楽しむ伝統が存在していた（瀬川　一九七二）。

しかし、明治になって到来した恋愛は、ロマンティックで理想主義的な観念に裏打ちされているという意味でそれまでの男女の情愛の形式とは異なっていた。それはヨーロッパ中世の騎士の既婚の貴婦人に対する、崇拝的な騎士道的愛に発するが、恋愛の画期的意味の一つは、ロマンティックな熱情が、それまでの魂の病気、一種の発狂であることから一転して、高められた魂の状態として社会的に正当化され、美しい生活に至るものとしてポジティブな価値を獲得したことにある（井上 一九七三）。そしてそれは近代ブルジョワジーの勃興とともに結婚という制度とのつながりを強めながらブルジョワ社会に拡散普及し、のちに上下双方の階層に広がっていった。私たちはその延長上にいるのだ。

恋愛の基盤であるロマンチックな熱情、すなわちロマンチックラブは、単に一対の男女の間に生まれる情緒の発露であるだけでなく、彼らを取り巻く社会関係の伝統的パターンを覆すものであることに大きな意味があった。恋愛という新しい愛の観念は、当事者個人の人格や個性に基づき内面から自発的に生じる感情であるために、伝統的で慣習に定められた対人関係、共同体に強要された人間関係を否定する。また、感情移入によってカップルは一体感や深い意思疎通を体験する。したがってそれは、共同体が強制してきた男女の性役割、地位の上下を脅かす契機を含むのである。

このようなロマンチックラブのイデオロギーが、明治期の日本において受け入れられたのは、単に西欧の風俗慣習をまねるという理由だけではなかったはずだ。おそらくそれは、未曾有の社会変動のただ中で、地域の共同体的拘束や旧来の価値観の重圧から個を析出させそこからの脱出を可能にする水路と観念されたからこそ、輝かしい地位を獲得することができたのだ。日本近代文学において恋愛観念をはじめて登場させた北村透谷は、「恋愛は人世の秘鑰《ひやく》なり、恋愛ありて人世あり、恋愛を抽き去りたらむには人世何の色味かあらむ」と恋愛の至上の価値をたたえている（「厭世詩家と女性」『女学雑誌』明治二五（一八九二）年二月号）。透谷のこの表現は、今ではオーバーに聞こえるに違いないが、このような歴史的文脈を踏まえればよく理解できる。当時、恋愛は反社会的であるがゆえに解放であり、非日常的で希少なものであるがゆえに最高の価値を有したのである。

ところが現代において恋愛は、決して反社会的なものでも希少なものでもない。それどころか、誰にとっても少なくともある時期には体験することが期待される身近なもの手近なもの、楽しみと満足を得る生活の彩りとなった。このような変化の中で恋愛の意味づけは当然のこととして変容する。かつては恋愛そのものが一つの事件でありそれ自体が激しい感情移入をさせる要因となりえた。しかし恋愛が当然のことである現代では、どのような恋愛をするかに関心の重点が移らざるをえない。ソーシャルメディアで「友だち」としてつながることから始まって、好きだと「告」られれば、必ずしも激しい気持ちを感じないとしてもそれを受け入れて、「付き合う」ことが始まる。そして何日か何ヵ月かが経てば記念のペアのリングをし、クリスマスやバレンタインのイベントにはプレゼントを贈りあう。そうした一連のいわば恋愛行動をとることが、恋愛するということだ。いいかえれば、互いに熱情を感じることよりも、「カレシ」「カノジョ」であると認識し合うこと、「今付き合っている人がいる」こと自体に恋愛の意味がある。

現代の若い世代では、四、五人との恋愛経験があるなども珍しくないから、多少のバリエーションはあれ、相手は違ってもそうした恋愛行動が繰り返されることになる。日常化しありふれたものになったからこそ、恋愛はパターン化される。しかも、ケータイやインターネットが普及し、メールやSNSを誰もが利用する現在では、恋愛で互いのコミットメントを「証明」する必要に迫られることは、過去の比ではない。朝起きてすぐの「おはよう」から始まって、日々数十通のメッセージをやりとりして「今何してる」と言い合わなければ、「恋人がいる」状態ではないように思えてしまうのだ。

恋愛より刺激的?——現代のサブカル

恋愛がそのようにパターン化したもので、しかもそれほどのコミットメントを要求するものならば、恋愛がそれほど望ましいものとは思わない、むしろ「めんどくさくてどうでもいい」と思う人びとが出てくるのも無理はない。現代の若者文化で、すでに「サブカル」の域を超えた「オタク」文化の隆盛はその一端を示しているのかもしれない。

男性同士の性愛を描くやおいやBL(ボーイズラブ)は、少数の「腐女子」にコミケで取引されるマイナーなものであることを超えて、書店では平積みされてすでに少女マンガのメインストリームの一つになっている。まったく興味のない人びとからみれば、なぜ「フツウ」の女の子や女性がそんなものに興味を示すのか理由がわからず、「教育上よろしくない」という批判も絶えないが、先に見た恋愛の歴史を考えれば、理解しやすい。かつての少女マンガの伝統である、「ちょっとドジな女の子がかっこいい男の子と出会い恋に落ちる」ようなストーリーは、今ではよほど幼い女の子でなければ夢中になるのは難しいだろうが、やおいやBLで描かれる男性同士の性愛は、ありふれた男女の関係ではなく禁じられた関係であるゆえに、そこに非日常性と希少性がある。また、男性同性愛への偏見があるからこそ、絶対の愛、運命の愛として描けるのであって、いまどき男女の設定で至高の愛、運命の愛など描くのは、まるでパロディにしかならないだろう。その意味でやおいやBLには、恋愛への憧れを描く少女マンガの伝統が脈々と生きているともいえる。

男性のアニメ愛好家に広がる、二次元のキャラ萌えも、現実の恋愛の凡庸さ、面倒くささからきている面もあるのではないだろうか。現代の現実の恋愛市場では、男性にはかつての経済力や頼りがいだけでなく、女性を楽しませるお笑い要素や、コミュニケーション能力が求められる。そんな過酷な要求の前に、リアルな恋愛市場からリタイアして、二次元世界でファンタジーを満たそうとする者が出るのも無理はない。若者を取り巻く現実の恋愛の凡庸さからすれば、それは単なる逃避というのではなく、むしろ想像力をより発揮させるクリエィティブな実践でさえありうるかもしれない（二次元の画像や動画のなかでは、「クリエイティブ」どころか、根深い女性差別意識から女性をモノのように扱うアダルトビデオやゲームも氾濫している。それらについては後述する）。

二〇〇〇年代後半から、恋人を得ることやセックスに熱心ではない若い男性たちのことを指す言葉として「草食系男子」という新語が登場した。そこには、覇気がない、元気がないというような揶揄的・批判的なニュアンスがしばしば伴っているが、しかしそれは、「若い男」であればいつも性欲をもてあまし女性とセックスできるチャンス、交際できるチャンスをうかがっているものだというステレオタイプと、狩りやゲームでもあるかのように男は女を「獲得する」ものという古くさいジェンダー意識の裏返しだ。必ずしも恋愛やセックスに執着しない男性たちが否定されることなく、「市民権」を獲得できるのは、むしろ望ましいことではないだろうか。

ジェンダー化された性的欲望――ヘテロノーマティビティを問う

近年のポストモダンフェミニズムの知見は、性的欲望がいかに「ジェンダー化」されているかを論じている。

「ジェンダー」といえば、生物学的・解剖学的性差としての「セックス」に対し、社会・文化的な性差を指すという理解が一般的だ。その理解はもちろん妥当であり、「男は仕事、女は家庭」といった固定的な性別役割分業を乗り越え、男らしさや女らしさの規範にとらわれることのない「男女共同参画」社会の形成が国の政策としても取り組まれている。しかし、近年のフェミニズムは、徹底的な構築主義の立場にたって、肉体的・生まれつきの「自然」の性差に見えるものも、時代によってさまざまな「科学」的知識のもとに、二分法的に男／女の記号を付されてきたものだという（バトラー 一九九九）。そして、性的欲望さえ、その例外ではない。

性的欲求は生物としての生殖の本能に裏打ちされているから、男女の性愛は「自然」なものだと考えられがちだ。しかし、生殖には異性間のセックスが欠かせないとしても（生殖テクノロジーの発達により、それは過去の話となったが）、男女の性愛の結びつきが、他のいかなる結びつきよりも「自然」なものとみなされ、特権化されてきたのは、先に述べたように、恋愛が近代ブルジョワジーの勃興とともに結婚という制度とのつながりを強めながら拡散普及したことと深い関係がある。性愛で結ばれた一対の男女とそこから生まれる子どもたちよりなる家族のあり方（「近代家族」）が、近代以降、国家の単位として正統的なものとされ、それゆえに、同性間の性や婚姻に結びつかない性は、逸脱・不道徳とみなされるようになったのだ。

実際のところ、歴史をひもとけば、同性が性関係を結ぶことは普遍的にあったし（ヒトにもっとも近接しているとされる、チンパンジーの一種であるボノボでも、同性間の性行為を行うことが観察されている）、男女の性的結合を家族関係の核とはしない社会も多様な文化を通じて存在する（中国雲南省のモソ族は、男も女も一生、家長である母のもとで暮らす母系制大家族制の伝統を現在も維持しており、「父を知らない」社会として知られる。男性が女性のもとに通う「走婚」を行い、男性には子の扶養責任はなく、子は、母とそのきょうだいたちに育てられ成長する（金　二〇一一）。また、より一般的な伝統的家父長制社会においても、家族の核は父―男子であって、夫婦は家族の核ではない）。私たちは、異性愛が「自然」で「正常」と考えがちだが、逆に、男／女の二分法でカテゴリー化された性別があまりに確固としているために、男‐女の結びつきが安定的なものに見え、異性愛を自然なものに見せているのかもしれない。いいかえれば、ジェンダーという権力関係がその結びつきを生じさせているのではないかという可能性は問われることがないのだ（江原二〇〇二）。

同性愛者の解放運動やゲイ・スタディーズは、同性愛への偏見と異性愛を標準と捉える価値観（ヘテロノーマティビティ）に抗して、「自然」とみなされる異性愛は、同性愛を禁忌とした近代以降の性の政治のなかで強迫的につくりだされたものにすぎないと、「強制的異性愛」という概念を見出した。その発見は重要であるが、しかし、性愛の対象が同性であろうが異性であろうが、「一対一」の性のみを「正常」であるとみるとすれば、またそれも、男女のジェンダーの二分法から抜け出ていないのかもしれない。二〇〇六年にオックスフォード英語大辞典に「ポリアモリーpolyamory」という語が加わったが、この語は近年、アメリカで一つの思想運動として起こっている、三人以上の複数での性愛の結びつきを意味する。こういうと、不倫や乱交を思い浮かべるかもしれないが、そうではなく、当事者すべての同意のもとに複数の相手と性関係を含む愛情関係をとり結ぶことがポリアモリーで、現在、アメリカでは五〇万人以上が実践しているといわれる。そして、ポリアモリーな関係を保ちながら一つ屋根の下に暮らし、子育てや生活をともにするポリアモリーファミリーも登場している（深海 二〇一〇）。

こうした生活形態はアメリカでも十分な市民権を得ているとはいいがたいが（だからこそ、周囲の偏見や困難を克服するために当事者たちのセルフヘルプグループや運動が活発である）、これまでの伝統的・制度的な結婚や性愛のかたちに窮屈さを感じている人びとが確実に増加していることの例証だろう。

性行為のテキストとしてのAV、エロ漫画

ポリアモリーなどは極端な話にきこえるだろうが、私たちは実際、性や性的行為に関する自分たちの知識や想像力をどうやって得ているのだろうか。

学校の性教育は生殖や身体器官について教えるだけだし、家庭では親が性教育をするどころか、性を語ることは何とも照れくさい、タブーになっているのが通例だ。そんな中で性的な知識を得ているのは、もっぱらマンガや雑誌、ネットなどのメディアを通じてである。そして、そこに登場する性のあり方は、しばしば、暴力的なものであったりする。直接な暴力が加えられていなくとも、「女性は受身であり男

性の誘いかけを待っている」「嫌がっている女性も、男性の強い働きかけに屈し結局は快感を感じる」ような表現はうんざりするほど溢れているし、アダルトビデオ（AV）では、強姦や痴漢が人気のテーマである。「ソフト」とされるものですら、相手の女性の顔に射精する「顔射」が登場しないビデオはないといっていいほどで、こうしたセックスが、「標準」「フツウ」とみなされてしまってさえいる。

中里見博（二〇〇七）は、私たちの日常にあるこうした性表現に潜在する、「忘れられた人権としてのポルノ被害」について論じている。「ポルノ」とは、単に裸体やセックスを描いた表現、わいせつ物というのではなく、暴力や強制による性的行為がなされ、それが快楽として肯定的に描かれているもの、女性を性的に従属させ人格を剥奪する表現のことであり、多くのアダルトビデオやエロ漫画はそうした表現を含んでいる。そうした表現物は、雑誌やビデオ、ネットなどあらゆるメディアに溢れ、それらがポルノ被害を生み出す。その中には、アダルトビデオの製作現場での性暴力など、現行刑法での犯罪にあたる行為（制作被害）も含まれるが、夫や交際相手からアダルトビデオを見させられる、同じ行為を強要されるなどの、普通の人びとへの被害（消費被害）も珍しくないし、女性を性的なモノとして貶め描くポルノが社会的に生産され流布され娯楽として消費されていることで女性の社会的地位を低下させる（社会的被害）ことも見逃せない。

そして、私たちにとって深刻なもう一つの被害は、他からは何も情報を得る源もないままに、性行為とは、セックスとは、こんなものであると、暴力的な性のあり方を刷り込まれ、それを「自然」と考え反応が埋め込まれてしまう、性的想像力への被害ではなかろうか。これは、多様でありうるセクシュアリティの矮小化であって、女性に対する以上に、男性への被害でもあるだろう。

恋愛からの逃走

エーリッヒ・フロムは古典的名著『自由からの逃走』（一九四一年）で、近代人は中世社会の封建的拘束から解放され自由を獲得したが、孤独感や無力感にさらされることにもなったこと、そしてそれに耐えきれず「自由からの逃走」を開始し、「権威主義的パーソナリティ」を形成、これがファシズムの信奉につながりナチスのユダヤ人虐殺に至ったことを論じた。これに倣えば、若者と言えば異性との交際に熱心、というイメージを裏切り、恋愛やセックスにそれほど興味がない、異性に執着しないという現代の若者たちの心情は、「恋愛からの逃走」を試みているといえるかもしれない。しかしこの逃走は、ファシズムを生んだ自由からの逃走とは違って、人の親密性やつながりをワンパターンで画一的なものにあてはめてしまうことを嫌い、より創造的で想像力のある、人間同士の豊かな関係と生を紡いでいくための前進だとも見ることができるのではないだろうか。

引用・参照文献

井上俊　一九七三『死にがいの喪失』筑摩書房。
江原由美子　二〇〇一『ジェンダー秩序』勁草書房。
金龍哲（ジン・ルンジョ）二〇一一『結婚のない国を歩く――中国西南のモソ人の母系社会』大学教育出版。
瀬川清子　一九七二『若者と娘をめぐる民俗』未來社。

竹村和子　二〇〇二『愛について――アイデンティティと欲望の政治学』岩波書店。
中里見博　二〇〇七『ポルノグラフィと性暴力――新たな法規制を求めて』明石書店。
中島岳志　二〇一一『秋葉原事件――加藤智大の軌跡』朝日新聞出版。
J・バトラー　一九九九『ジェンダー・トラブル――フェミニズムとアイデンティティの撹乱』竹村和子訳、青土社。
深海菊絵　二〇一〇「意志による「愛」と意志の限界にある「愛」――米国におけるポリアモリー実践の事例から」『くにたち人類学研究』五。

おすすめ文献

上野千鶴子　二〇一〇『女ぎらい――ニッポンのミソジニー』紀伊國屋書店。
江原由美子　二〇〇一『ジェンダー秩序』勁草書房。
牟田和恵編　二〇〇九『家族を超える社会学――新たな生の基盤を求めて』新曜社。

世界の琴線にふれる

亀山佳明

砂漠にそびえ立つ巨大なピラミッドは古代エジプト人たちの遺産である。いったい彼らはどのような想いで日々これを眺めていたのであろうか。ある美学者はこう述べた。彼らは砂漠に広がる縹緲《ひょうびょう》とした空間それ自体に畏怖の念を抱いていたのだ、だからこそ、その空間をうずめるためにこれを建造したのだ、また、この建造物は彼らの社会を支える奴隷制度と照応していた、ピラミッドは身分制度の象徴でもあった、と。ここには古代エジプト人たちのいわば美に対する意識が表明されている。朝夕、この建築物を見上げて暮らしていた彼らは、そこに自分たちの生きている世界を実感していたからである。

では、われわれ現代人に美を感じさせるものとは何であろう。わたし自身はスポーツがそうした装置の一つではないかとかねがね考えてきた。なかでも集団で行われるスポーツこそが、この時代を生きている実感、つまり美意識、をもたらしているのではないか、と思っている。たとえばサッカーを取り上げよう。国際試合ともなれば、スタジアムは膨大な数の観客で埋め尽くされる。それだけではない。メディアの背後には、それらをはるかにうわまわる観客がひかえてもいる。こうして、サッカーは、われわれの生きているこの時代を代表するスペクタクル（現代のピラミッド）となっている。

サッカーを観戦するだいご味は、地元のチームを応援するもの、あるいはひいきのスター選手の活躍を期待するもの、と、人によってさまざまであろう。他方で、ピッチ上に描き出される多様な運動の形それ自体に魅了される人たちも数多くいるはずだ。ご存じのように、サッカーというゲームは自陣・敵陣あわせて二二名の構成員（要素）から成り立っている。それぞれの展開の場面において、これらの諸要素が多様な結びつきを創り出す。集団スポーツの生み出す動きは波に譬えることができよう。敵・味方の寄せ合う波がぶつかりあい、一方が他方を制して、いかに自分たちの流れをつかみとるか、が勝敗を分ける分岐点となる。

ところで、現代サッカーはトータル・サッカーといわれる。そこではポジションの区別が、またそれに伴う役割の区別すらもみられない。つまり一人の選手はFWでありMFでありDFでもあるのだ。従来の様式はポジション別に構成されるツリー状に分枝する構成をとっていたが、現代サッカーはそれぞれの選手が所属（役割）の次元を超えて交錯する、リゾーム状をなしている。寄せる敵の波を撃破して自陣の選手が一気に攻め上がる場面を思い浮かべてほしい。あちこちで個々の波同士がぶつかりあって渦巻きを生じさせる。そうしたなかで、誰か――それは誰であってもよい――が、渦巻きの織りなすピッチという画布を切り裂くようなスルーパスを前線に蹴りいれる。それを見越したかのように、どこからともなく、それを受ける選手――これも誰であってもよい――が飛び出し、すかさず別の誰かにパスする。ここから自陣の側にリズムが生まれてくる。

リズムという言葉には「流れ」という意味と「形」という意味の二つの意味がある。したがって「流れ」が生じるということは、新しい「形」がそこに生み出されたということでもある。画家のクレーは画布に一本の生きた線を引くことによってそこに世界が開けると述べた。先のスルーパスはこのような生きた線を思わせる。その瞬間を目撃したものは、世界の出現に遭遇したものといえよう。この、いわば世界の琴線にふれたとき、われわれは、美を、生きているという実感を、体感せずにはいられないのである。

現代社会は関係の網の目が複雑に交錯するウェッブ社会をなしている。いつ、どこで、誰と、交信するか、誰にも予想がつかないリゾームを形成している。古代エジプト人たちがそうであったように、スタジアムに生じる美は、現代世界を生きる実感と照応し合っている、といってもよいのではあるまいか。

14

文化現象としての「支援」

人助けは誰のためのものか

永井良和

流行現象としての「人助け」

朝も、昼も、夜も。テレビは、人が人を傷つけ、あるいは命を奪う事件について伝えている。金を目当てにした強盗殺人、クラスメイトのいじめ、大国の支配をくつがえそうとするテロ……。個人によるものもあれば、国家の力がはたらいているものもある。画面には、さまざまな意図、さまざまな規模の出来事が、ごった煮のように映し出される。

小さな額の出費にさえ困る人びとが少なくないのに、小ぎれいなスーツを着た人びとは景気がよいのだという。彼らの口から勇ましい訴えや、へつらいの言葉が吐き出されるたび、聞く者の胸には異物がこみあげるような感じが残る。そして、やはり地味なスーツを着こんだ人たちが、心のこもらない謝罪の言葉を述べながら頭を下げる姿も、慣れっこになるくらい見せられてきた。

いまは、生きることの困難が一人ひとりの身体にべっとりと貼りついている。すべての問題をいっきょに解決できる方法は、もとより、なさそうだ。石川啄木が「時代閉塞」という言葉を用いたのは百年以上も昔のことだが、出口のない感じは、いまの世の中をも覆っている。この社会には、いや、この世界には、もはや希望がないのだろうか。多くの人びとが悪意をもって他者を陥れようとしているわけではない。むしろ、多くの人びとは、他の人びとと仲よく、楽しく生活していこうと考えている。また、善意をもって、困難をかかえた人たちを助けようとしている。その姿は、閉塞した時代からの出口を探る努力だといえるだろう。

現代の世相を見わたすと、さまざまな「応援」現象や、「サポート」事業や、「人助け」活動がひろがっている。若者たちは困っている人を助けたいと真摯に思い、学業をおえるとすぐに現場に飛びこんでいく。あるいは、無関心を決めこんでいたことを反省し、誰かに手を差しのべるために仕事を捨てる中高年がいる。いまの社会で「人を助ける」ということは気高い理想であり、自己実現のための目標である。

フリージャーナリストの江川紹子に『人を助ける仕事』という本がある（江川 二〇〇四）。もとになったのは、『週刊文春』で一年余りにわたって連載されたインタビューだ。江川は、一九九〇年代にテロ事件を起こしたカルト集団・オウム真理教に関する評論で世に知られるようになった。彼女は、テロにかかわった教団の若者たちを追った。そして、まじめな若い人たちが「人類の救済」という目標に向かってつきすすんだ先に、「事件」があったと考える。まるで既製服を買うように、彼らが出来あいの信心に飛びつき、しかも大雑把な目標を掲げたカルトを選んだのは、明らかに錯誤だった。なぜ、彼らはまちがってしまったのか。社会がなすべきは「人助け」の「選択肢」を明示することではなかったか。そのような反省に立ってであろう、江川は、インタビュー集というかたちで「人を助ける仕事」のカタログをつくった。

そこで紹介されている「人を助ける仕事」は、じつにさまざまである。戦乱の地で物資を運ぶNGO職員や、地雷の犠牲になった人に義足をつくる装具士のように、海外で危険な業務に携わる人たちがいる。バスケットボールの選手から転じて救急救命士の道を選んだ人、心臓が弱いといわれながら助産師になった人など、医療現場を支える仕事の記録もある。障害者スポーツの指導員、保育士、法務教官、児童自立支援専門員など、問題を抱えた人や家族を支える仕事についても書かれている。精神保健福祉士、社会福祉士、言語聴覚士、管理栄養士、訪問看護師、音楽療法士、薬剤師……。この本の出版からあとも、人を助ける専門職の種類は増え、そういった仕事をめざす人の数も増えつづけている。

士や師のつく資格をもつ人たちは、何らかのかたちで他者を助けている。しかし、公的な資格による業務もあれば、そういった仕組みが整っていないために、手探りで活動がおこなわれるケースも多い。そもそも、「人を助ける仕事」は、肩書きとしてはっきりと表記できるものだけにかぎられない。もっといえば、個人が「仕事」としてなすことだけが「人助け」ではない。無償の奉仕や営業活動などいろいろなかたちで、人は人を助けている。公的な制度として整備された領域で人助けをしているばあい、その制度のなかにある個人は士や師を肩書きにできるだろう。民間では、代金を受け取り、それに見合うサービスとして人を助ける営業活動もある。これとはちがって、国が見捨てた人を助けるばあいは、無償の奉仕あるいは「持ち出し」での活動になろう。

ここでは、〈無償で人を助けるから尊く、金をもらうから汚い〉といった評価のしかたから、いったん距離をおこう。「人助け」という営為のひろがりのどこかに線を引いて切り分けることを、しばし中断する。そして、「どこまでがボランティアか」というような議論から説き起こすのとはちがう観点から出発しよう。「人助け」は生活のさまざまな領域に浸透し、消費行動とも強く関連するようになった。「支援」が、言葉としても、また文化として定着している実情を考えたい。

バブル経済崩壊後の社会では、「ボランティア」活動がひろがり、「心理学」が関心を集めた。

高校生が、老人ホームに数時間のボランティアに出かける。近年では、その証拠書類を添えて、大学の自己推薦型入試に出願することが可能だ。少子化で経営に苦しむ大学は、どんなかたちであれ、出願してくれる受験生が増えることを期待している。合格するためにボランティアに行くのは本末転倒であり、禁欲的な立場からみれば、福祉現場をもてあそぶ行為に映るだろう。反対に、たとえそういうきっかけであっても、現場での体験が何かの「芽」になって、若い人を動機づける小さな可能性があるのならば、それはそれでよいという弁護のしかたもある。評価は定まらないが、こういった事態を「ボランティアの風俗化」と呼んでおく。ボランティア活動には長い歴史があるけれども、言葉として流行したのは、やはり一九九五年の阪神淡路大震災以降だといえる。一九九〇年代に発達した情報通信技術は、ボランティア活動を支える基盤を整備した。結果的に、何かの手伝いをしたいという気もちを、直接、ボランティアの現場につなぐ経路は容易に開かれるようになった。いまは、災害や事故があると、あたらしい技術のおかげで情報はすぐにひろがり、救いを必要とする場に多くの人がかけつける。

近年の状況で注意したいもうひとつの流れは、社会の「心理学化」である。多くの人がまきこまれる災害や事件だけでなく、個人的な挫折が多い時代には、それだけの分量の「心のケア」が求められる。いじめからストーカー、リストラまで、攻撃のターゲットにされる人は年齢、性別、職業、経済的な階層を問わない。傷つけられる人が増加したからこそ、伴走する人が必要になった。助けられたいという意識の目覚めは、助けたいという衝動にも連続する。ボランティア体験が一般化した時代に、心理学が人気を集めたのは、人助けのための知的テクノロジーとして期待が高かったからだ。

いっけん誰にでもできそうなことだが、専門家の苦心はひととおりでない。燃えつきたり、傷ついたりして、人助けを専門にする人たちじしんが助けを必要とする事態をまねいている。対人援助職の「職業病」を救う専門家が対応をはじめ、ストレスを小さくするためのノウハウ本もたくさん出版された。助ける側の困難は、心身が疲労することだけではない。「自分を必要とする人を必要とする」ことから逃れられない状態、すなわち「共依存」も問題になっている（吉岡編 二〇〇九）。

「心の病」は治療しなければならないと考える傾向が、やや強くなりすぎたといえるかもしれない。過度の「心理学化」からは、ふたつの結果が生じる。ひとつは、社会の問題が個人の問題にすりかえられること。ほんらいであれば、社会の構造や仕組みにひそむ欠陥を見つけ、修正しなければならないのに、傷ついた個人の心のケアにばかり注意が向けられてしまう。心理学がもてはやされるいっぽうで、人を傷つけるおおもとの原因が、放置されたり見逃されたりしてしまうのだ。

もうひとつは、「心の病」を治すことができるのは専門家だけだという考えが受けいれられた点である。しろうとには、どうすることもできない。だから、専門家にまかせっきりになる。もっとも、このような「専門家支配」は、「心の病」にかぎった話ではない。生命倫理や原子力についての議論、景気対策や高齢者福祉の実践。どれをとっても、専門家がしろうとを牛耳る現状がある。このような状況に対する批判も根強く、当事者がそれぞれの感性を信じて自分の手で問題解決をはかるべきだという意見が出されている。しかし、専門的な知識や技術がなければ解決できない問題は少なくない。問題をかかえる人たちを、専門家たちがどのような位置に立って手伝うのかが問われている。

〈援助〉と〈支援〉

「援助交際」という言葉がある。まだ、生きている言葉であるが、最近は耳にすることがめっきり減ってきた。一九九七年、大阪府警は「援助交際は売春です」というポスターを街に掲出した。女子高生や、ばあいによっては女子中学生を相手に、大人の男が金銭を支払い、交際を求める。そういう行為が問題視された。「売春」と選ぶところのない行為に関して、その要となる局面、すなわち金銭を支払うという部分を「援助」と言いくるめるところが犯罪性を希薄にしている。そう考えた警察は、身もふたもない文言を大書したポスターを製作し、啓蒙におよんだ。

「売春」という用語は不適切であり、「買春」と表記すべきだといった議論も誘発された。しかし、ここで注意したいのは、金を手渡すことが「援助」と言い換えられた点である。光石亜由美の調査によると、この用法は古い。敗戦後の貧困期、かつ女性人口が相対的に多かった時代に、その起源があるという。男が、生活に困った女性を妾として囲う。そして金銭を与えることが、婉曲的に「援助」すると換言されたのである（光石　二〇〇四）。

奉仕に対して「金を払う」。他者の、行為や感情を「買う」。そのような即物的な表現を避け、「援助」という表現で代えるのは、双方向的だがアンバランスな交換を、一方向的な「善意」に見せかけるごまかしの呪文である。たとえば、開発途上国に対する「援助」がある。それが、善意にもとづく「人助け」と言いきれない部分をふくむことはよく知られている。また、ODA（政府開発援助）などで問題となるのは、援助物資として現地に送られているモノや、現地で建設されている施設が、当地の暮らしの「助け」にならないばあいが多いという事実である。水田のない国に自動田植え機を送るような愚行は、さすがに減ったが、地震や集中豪雨の被災地に不用品を送りつける「善意の人」はいまだになくならない。

なぜ、援助物資は現地のニーズと対応しないのか。相手がほしいと思っているものを与えているのではなく、こちらが必要とするものを奪ったうえで、略取を略取と指弾されないために、対価らしきものを「援助」という名目で与える。これが実態だろう。石油が必要だからプラントをつくる。代わりに車を送っておこう。電気が必要だから原発をつくる。代わりに補助金と仕事をばらまけばよい。——いずれも、現地の産業化を助けているという体裁はつくろえる。だが、援助が長くつづけばつづくほど、援助に依存する構造は強化されてしまう。

最近では「援助」という言葉そのものも、あまりはやらない。浮上してきたのは、「支援」という言い回しである。

敗戦から七〇年くらいのあいだに、この国はたくさんの法律をつくってきた。まず、古い体制を一新するべく、民主的な社会の建設に必要な基準法や基本法が設けられた。だが、社会に混乱が満ちていた時代には、人びとの行き過ぎた行為を抑えこむための法律が目立つ。売春防止法や、独占禁止法など、「防止」「禁止」といった文字が特徴的だ。そして、独立の回復と高度経済成長の時代の法律には、「振興」や「促進」、「保護」、「育成」といった用語を拾うことができる。国家が成長を助ける分野と、取り残された分野がわかれはじめたころだ。また、後ろ盾を得て急成長を遂げたものが、弱者を苦しめ、そのための施策が講じられはじめたのもこの時期である。二〇世紀も後半になると、施行された法令名には、「補助」や「助成」といった言葉が並ぶ。これにくらべ、世紀をまたぐころからは「支援」という言葉が多用される傾向が読みとれる。法令の話は堅苦しいが、時代の流れをつかみとる導きとなるので、近年に施行されたものを列挙してみよう。

表1は、この二〇年ほどのあいだにつくられた法律からの抜粋である。一九八〇年代より前にも「支援」の名のつく法律はあった。代表的なものは、「中小企業支援法」（一九六三年）である。しかし、この二〇年ほどのあいだに、多くの「支援法」が成立したのにくらべると、数のうえではごく少ない。

表1を眺めると、いまの国家が、支援すべき対象として考えている存在の輪郭が浮かび上がる。残留孤児、被災者、ホームレス、障害者、拉致被害者、虐待を受ける人、高齢者、農林水産業に従事する人、おくれた国の人びと……。なるほど、他者の助けが必要な存在だ。また、子育て支援や母子・父子家庭の就業支援など、家族のかたちの変化に対応した施策が求められるのもうなずける。

だが、そのような制度づくりは、なぜ「支援」という言葉で表現されたのか。「援助」や、「保護」ではなく、また、古くからある「人助け」のような言葉ではないものが選択されたのはなぜだろう。国や

表1　「支援」の語を含む主な法律

施行年	法　律　名
1994	中国残留邦人等の円滑な帰国の促進及び永住帰国後の自立の支援に関する法律
1997	被災者生活再建支援法
2002	ホームレスの自立の支援等に関する特別措置法 独立行政法人高齢・障害者雇用支援機構法
2003	イラクにおける人道復興支援活動及び安全確保支援活動の実施に関する特別措置法 北朝鮮当局によって拉致された被害者等の支援に関する法律 独立行政法人日本学生支援機構法 次世代育成支援対策推進法 母子家庭の母の就業の支援に関する特別措置法
2004	総合法律支援法、発達障害者支援法
2005	高齢者虐待の防止、高齢者の養護者に対する支援等に関する法律
2006	障害者自立支援法
2009	株式会社企業再生支援機構法
2010	子ども・若者育成支援推進法 公立高等学校に係る授業料の不徴収及び高等学校等就学支援金の支給に関する法律（通称：高校授業料無償化法）
2011	職業訓練の実施等による特定求職者の就職の支援に関する法律（通称：特定求職者支援法） 原子力損害賠償支援機構法
2012	障害者虐待の防止、障害者の養護者に対する支援等に関する法律（通称：障害者虐待防止法） 株式会社東日本大震災事業者再生支援機構法 東日本大震災の被災者に対する援助のための日本司法支援センターの業務の特例に関する法律 東京電力原子力事故により被災した子どもをはじめとする住民等の生活を守り支えるための被災者の生活支援等に関する施策の推進に関する法律 株式会社農林漁業成長産業化支援機構法
2013	母子家庭の母及び父子家庭の父の就業の支援に関する特別措置法 （一部施行）子ども・子育て支援法

自治体の収支が苦しくなるなかで、「生活保護」の水準は下げられつつある。だが、けっして見捨てたわけではありませんという弁解のように、「支援」という言葉はもちいられている。

ここで、国語辞典の語釈を引いておく(『日本国語大辞典』第二版、小学館)。「援助」とは「困った状況にある人を助けること。たすけ。」である。「応援」とは、「味方となって励まし、助けること。また、その者。加勢。」を意味する。「助成」は、「他人の事業・研究を援助すること。」とある。古い動詞「たすける」は、「た」が手を示しており、手を差し伸べてすくう、というふうに複合し成立した言葉だという。「わきから力を添えて、保護したり悪い状態から救う」が原義だ。これらに対して、「支援」は「活動を容易にするためにささえ助けること」とある。

いっけんするところ、大きなちがいはなさそうだ。しかし、「たすける」や「応援」が、当事者のあいだの距離の近さを感じさせ、寄り添っているイメージを喚起するのに対し、「支援」という言葉からは、対象となる人たちとのあいだに一定の距離があることや、少なくとも、助ける側と助けられる側との分離や区別が前提とされていることが読みとれないだろうか。さらに、「援助」と「支援」という、きわめて似た単語も、助ける側がどのていどのめりこんでいるかという点でくらべると、やや開きがある。「援助」という語が親身になっているニュアンスをふくむのに対し、「支援」という語は少し突き放した感じを与える。

法律が支援の対象としている人びとに向けられている眼差しの奥にある意識は、どのようなものか。そこには、「本来ならばできてあたりまえのことが、できない人びと」(だから、たすけが必要だ)という認識がはたらいている。また、そういう状況にある人びとを、時限的に助けてやろう(一定期間に一人前にならないなら、あとのめんどうはみない）というニュアンスが潜んではいないか。つまり、「支援」という言葉は、やはり近年流行りの「自立」や「自己責任」と連れだって歩いているのである。また、『日本国語大辞典』では、「支援」の早い用例として一九二八年発行の『歩兵操典』を引いている。「後方支援」といった熟語からも理解されるとおり、この「支援」という言葉の古い用例が軍隊にあるという点も、興味深い。実際、近年の条約でも軍事的な意味でもちいられている（「日本国の自衛隊とアメリカ合衆国軍隊との間における後方支援、物品又は役務の相互の提供に関する日本国政府とアメリカ合衆国政府との間の協定」）。

バブル経済が崩壊したのち、「失われた一〇年」のあいだにも、情報化と国際化は進行した。グローバル化とボーダーレス化という大きな動向に、私たちが対応しそこねているうちに、大きな地震やテロが都会に暮らす人びとを不安に陥れた。二一世紀になると、治安の維持や米軍への協力のために多くの資金が使われた。財政難の状況では、生活保護の切り下げに異を唱えにくい。沖縄から基地をなくせという訴えを、本土は黙殺しつづけている。隣人を助けることが後回しにされても、その流れをくい止めることには困難がつきまとう。

〈応援〉と〈サポート〉

スポーツや芸能の分野では、ひいき筋を指すために「ファン」という言葉がつかわれる。プロ・スポーツのチームや、アイドルを「応援」する「ファン」。スターやチームを支えもするが、愛着が強い人は自分の生活さえ犠牲にしてしまう。「応援」とは、「味方になる」ことをふくむ語だ。対象との一体化、自他の区別がなくなるようなしかたで、たすけることをさす。「支援」とはちがう、別の構えをもった寄り添いかたなのである。

このごろはスポーツの「ファン」を「サポーター」と呼ぶことが一般的になっている。もちろん、一九九三年のサッカーJリーグの創設以後のことだ。とはいえ、年輩の人が使う言葉としては、まだこなれていない。いまでも国語辞典では第一義として〈ゴムを織り込んだ布製の包帯や下着〉を掲げている。スポーツ、とくにサッカーのファンという語釈は第二義に位置づけられることが多い。しかし、サッカー界が「ファン」とは異なる言葉を採用した意図は明確であり、チームだけでなく地域社会に貢献する人びととして「サポーター」を育てるという目的は、あるていどの成功をみた。だからといって、サポーターの成長が一日にしてなったわけではない。

「サポート」というのは、何かに対する応援や支持を示す言葉として、これからも普及していくだろう。けれども、これがスポーツ界に由来する語として広がったと考えるだけでは不十分だ。じっさいには、コンピュータの普及に伴って用いられることが増加してきたからである。ノートパソコンを買って顧客登録をすると、メーカーからの「サポート」を受けることができる。機器だけでなく、ソフトウエアについても同様だ。以前なら「アフター・サービス」などと呼んでいたことを、近年では「サポート」というふうになってきている。また、コンピュータだけでなく、家電や自動車など耐久消費財についても、この言葉を使う習慣がひろがった。つまり、「サポート」とは、電脳時代のセールス用語でもあるのだ。米国に本拠をおいて世界市場を支配する企業が、消費者の耳許で「私どもは、いつもおそばにおりますよ」とささやくときの言葉づかいだ。

「サポート」という行為は、相手のための手助けという意味合いだけではなく、支払った代金にふくまれるサービスという含意を伴いはじめている。だから、代価を払わずに、不正に入手したソフトは、サポートの対象とならない。顧客登録（個人情報をメーカーに渡すこと）をしなければ、サポートを受けることができないのである。専門家による手助けは、素人にとって消費対象としての側面をもつ。新時代の用語である「支援」や「サポート」は、経済活動と切り離して論じることがむずかしい。

地獄への道は善意で舗装されている

近年の社会では、人びとが「勝ち組」と「負け組」に分けられる。収入のみならず、将来に対する希望にさえ格差がひろがっている――そういう時代診断がある。だが、発車するバスに飛び乗ったり、走り去るバスを追う人びとがいるいっぽうで、バスを降りる人、道端にたちすくむ人のもとに行って、いっしょに歩こうとする人もある。歩くことが、すなわち「人を助ける」ことにつながるというのではない。しかし、歩くという生き方を選択することは、みずから「助かる」ことかもしれない、と思う。

歴史学者がつかう警句に、「地獄への道は善意で舗装されている」というものがある。出典ははっきりしないらしい。これまでの歴史上の悲劇は、かならずしも悪意によって導かれたわけではなく、社会を少しでもよくしようという人びとの願望や努力の「意図せざる結果」であったという経験則を示している。

人助けやサポートや支援は、それが善意によっておこなわれるがゆえに正しいことだと考えられやすい。そして、その正しさが批判しにくくなったとき、あるいは修正のむずかしい制度として定着したとき、思いもよらぬ悪い結果につながる可能性が生じる。

人の行為は、善意にもとづくものであっても、いや、そうであるからこそ、客観的な批判を必要とする。せっかくの善意で敷きつめた道ならば、その道は、いくらかでもましな社会へとつづくものであってほしい。私たちは、ゆっくりと歩いていくしかない。ときどきは少し高いところに登って、自分たちが歩む道が、どこからきて、どこに向かっているのかを見きわめたい。

引用・参照文献

江川紹子　二〇〇四『人を助ける仕事――「生きがい」を見つめた37人の記録』小学館文庫。
光石亜由美　二〇〇四「援助交際」井上章一ほか編『性の用語集』講談社現代新書。
吉岡隆編　二〇〇九『援助職援助論――援助職が〈私〉を語るということ』明石書店。

おすすめ文献

現代風俗研究会編　二〇〇七『現代風俗　応援・サポート・人助けの風俗』新宿書房。
崎山治男・伊藤智樹・佐藤恵・三井さよ編　二〇〇八『〈支援〉の社会学――現場に向き合う思考』青弓社。
松岡修造　二〇一三『応援する力』朝日新書。

付

現代文化研究の視点と方法

キーワード解説

カルチュラル・スタディーズ

カルチュラル・スタディーズ（以下、CSと略記）は、TVドラマやハリウッド映画、ポップミュージック、ストリートファッションなどのポピュラー文化やサブカルチャーを研究対象に取り上げ、人文・社会科学に広く影響を与えた学際的な研究領域である。大衆映画や娯楽番組を「まっとう」な研究対象とは見なしてこなかった保守的なアカデミズムからすれば、CSの軽やかでファッショナブルな知のスタイルは、毀誉褒貶が相半ばする論争的《ポレミカル》なものだった。もちろんCSは、単に好事家的な趣味で新たな研究分野を開拓したわけではない。われわれが日常に接するポピュラー文化にこそ、階級や人種、民族、ナショナリズム、ジェンダーなどの現代社会のポリティカルな問題が織り込まれていると考えるのである。

CSの源流は、一九六四年設立のバーミンガム大学現代文化研究センター（CCCS）に遡る。初代所長を務めたR・ホガートやR・ウィリアムズらは、英国の歴史性や特殊性にこだわりながら、労働者階級の文化やアイデンティティについての考察を深めた。七〇年代以降、ホガートからCCCS所長を引き継いだS・ホールは、L・アルチュセールのイデオロギー論やA・グラムシのヘゲモニー論などの批判的マルクス主義理論を積極的に吸収する一方、メディア研究やサブカルチャー研究、人種問題に関心をシフトさせた。ホールらのバーミンガム学派は、マスメディアを消費する側に焦点を合わせ、「アクティヴ・オーディエンス論」などの革新的な成果を上げていく。カルチュラル・ターンとも呼ばれる視座の転回は、支配／従属、権力／抵抗といった単純な二項図式が失効している状況を析出した。諸個人の能動性や創造性は、支配的な集団や中心的価値に対して、したたかな抵抗をみせることもあれば、積極的に同調することもある。CSによれば、ポピュラー文化は人びとを同質化し社会の多様性を奪うのではなく、多様な状況の中で複数の立場がせめぎあい、ヘゲモニックに意味が編成され続ける場なのである。

CSは八〇年代以降、英語圏を中心に受容が進み、ポストモダン思想流行後の新たな知の潮流として脚光を浴びた。CSのグローバルな広がりは、ポストコロニアル・スタディーズやサバルタン・スタディーズ、クィア理論などとも結びつき、さらなる発展をみせているが、具体的な文化事象を取り上げ、アクチュアルな問題に果敢に取り組む姿勢は一貫しているといえよう。

おすすめ文献

G・ターナー　一九九九『カルチュラル・スタディーズ入門――理論と英国での発展』溝上由紀ほか訳、作品社。

J・プロクター　二〇〇六『スチュアート・ホール』小笠原博毅訳、青土社。

吉見俊哉編　二〇〇一『カルチュラル・スタディーズ』講談社。

（野村明宏）

言説分析

確固たる現実がまず存在し、その現実を記述する媒体としてコトバがある。あるいは確固たる主体がまず存在し、その思考を表現する媒体としてコトバがある。言説分析は、このようにコトバを透明で中立的な媒体やツールとみる考え方を疑う。むしろコトバはそれ自体が力をもち、規則にしたがい独自の秩序を形成する。そうして人びとはむしろ（相対的に）自律的に運動するコトバに右往左往させられながら、現実がつくられてゆく。これが言説分析を支える考え方である。狭義にはミシェル・フーコーの一連の仕事に由来する手法で、厳密に考えるとかなり複雑な論点も含まれるのだが、社会学では、現実は社会的に構築されるとみる構築主義の発想とも結びつきつつ、ゆるやかな理解で用いられることが多い。ここでも共通了解レベルでの用法を紹介しておこう。たとえば「ニート」や「引きこもり」と呼ばれる存在は、あらかじめ一定の社会層をなしており、それが増大し顕在化した結果、問題化したというよりも、さまざまな事情でそういうカテゴリーが成立した途端に、リアルな層として見出された、というほうが実状に近いだろう。それまでは近所のふらふらしているお兄さんとか、あまり外に出てこない人嫌いのお兄さんとか呼ばれていた人びとが、カテゴリーができると、急に「ニート」なり「引きこもり」なりの社会層のメンバーに数え入れられる。同時に、社会的な「対策」が講じられ、各種の専門家が呼び出され、相談やケアの窓口が設置されるなど、さまざまな実践レベルでの動きが展開される。そんな一連の動きを読み解くときに、特定の誰かの意図的なふるまいに注目するのではなく、むしろニートや引きこもりを、そう定義づけ、問題化するなかで、個々の人びとを巻き込んでそれぞれの役割に位置づけてゆく、コトバの動きに注目することは、有効な視点となるだろう。ニートや引きこもりそれ自体ではなく、そうした存在を現実として構築する「ニート言説」「引きこもり言説」を分析するのが、言説分析のアプローチである。

おすすめ文献

赤川学　二〇一二『社会問題の社会学』弘文堂。
佐藤俊樹・友枝敏雄編　二〇〇六『言説分析の可能性――社会学的方法の迷宮から』東信堂。
広田照幸　二〇〇一『教育言説の歴史社会学』名古屋大学出版会。
牧野智和　二〇一二『自己啓発の時代――「自己」の文化社会学的探究』勁草書房。

（近森高明）

ジェンダー・スタディーズ

ジェンダー・スタディーズとは、ジェンダーの視点にたった学問・研究を指す。ジェンダー・スタディーズの起源は、一九六〇年代末から一九七〇年代に、日本を含む先進産業国で起こった女性解放運動（women's liberation movement ウーマンリブ）のなかから、それまでの学問研究や知のあり方が男性の視点に偏っていたこと（たとえば、英語の man や、フランス語の homme など、多くの言語で「人間」と「男」が同じ一つの言葉で表されることは知の男性中心主義の象徴である）を発見・批判し、女性の視点にたって新たな知を生み出そうと登場した「女性学 women's studies」にある。それは、生物学的・解剖学的性差としての「セックス」に対し、社会・文化的な性差として「ジェンダー」がつくられることを看破した。

その後、男性中心社会とはいえ、すべての男性がつねに優遇されているというわけではなく、男性に対する固定観念の押し付けや抑圧がさまざまな面で存在し、男性の生を生きがたいものにしているという認識から、男性の生き方を問い直し男性の解放をめざす男性学 men's studies が生まれた。また、同性愛者解放運動の中からは、ゲイ／レズビアン・スタディーズが発展し、社会のヘテロノーマティビティ（異性愛規範）に挑戦した。さらにそれらは、トランスセクシュアルやトランスジェンダーの人びとの運動も含めた展開の中で、クィア理論 queer theory と総称されるようになった。

現在のジェンダー・スタディーズは、これらすべての思想潮流を含むものであり、「セックスはすでにつねにジェンダーである」というジュディス・バトラーの言葉に表されるように、女性学の発祥時のように「セックス」と「ジェンダー」を対立的にとらえるのではなく、異性愛と性別二分法を「自然」「ノーマル」とみなしてきた思考に異を唱え、セックス／ジェンダー／セクシュアリティの関係や「性」と「生」の社会的基盤について、批判的かつ学際的に問い直していこうとする知的営為として成長している。

おすすめ文献

伊藤公雄・牟田和恵編　二〇一五『新・ジェンダーで学ぶ社会学』世界思想社、近刊。
江原由美子　二〇〇一『ジェンダー秩序』勁草書房。
J・バトラー　一九九九『ジェンダートラブル――フェミニズムとアイデンティティの攪乱』竹村和子訳、青土社。

（牟田和恵）

文化記号論

イヌという言葉の意味は、現実のなかでワンワンと鳴いている四本足の動物との対応関係によって決まるのではなく、オオカミやヤケン（野犬）やイスなどといった、他の言葉との間でつくられる関係の網の目のなかの位置によって規定される。生の意味が死の意味との関係で、子どもの意味が大人や老人の意味との関係で、異常の意味が正常の意味との関係で相互的に決定されているのは、常識的なことだろう。このように記号は、それが指し示す現実の事物や行為との直接的関係によって意味をもつのではなく、記号同士が形づくる自律的体系のなかで恣意的に決定されるという考え方を記号学（論）と呼び、言語学者フェルディナン・ド・ソシュールによって提起された。

このソシュールの記号学を、実際にファッション、写真、文学、広告などのさまざまな大衆文化現象の分析に鮮やかに応用してみせて、文化記号論として世に広めたのがロラン・バルトである。バルトは、例えばパスタの広告写真のなかに、イタリア的な色彩や野菜の新鮮さという記号を読み解き、そこに自然にあるかのように見えるものが、恣意的に演出された記号（イデオロギー）にすぎないことを批判的に明らかにした。こうした文化記号論の考え方は、さまざまな商品がモノの有用性（使用価値）によってではなく、他のモノとの差異によって生じる価値によって消費されるような現代社会のありようを批判するジャン・ボードリヤールの消費社会論と結びついて、一九八〇年代の日本でも広く普及した。

文化記号論は、現在は八〇年代のように流行していない。しかし私たちの生活においても、缶コーヒーやペットボトルのお茶の銘柄から各自治体が提示する「ゆるキャラ」にいたるまで、互いの差異によってしか意味が生じないことが自覚化された空虚な記号が氾濫しているのだから、それは、変わらぬ重要性を持ち続けていると言えるだろう。

おすすめ文献

北田暁大　二〇一一『増補　広告都市・東京——その誕生と死』ちくま学芸文庫。

夏目房之介　一九九七『マンガはなぜ面白いのか——その表現と文法』NHKライブラリー。

R・バルト　二〇〇五『映像の修辞学』蓮實重彦・杉本紀子訳、ちくま学芸文庫。

J・ボードリヤール　一九九五『普及版　消費社会の神話と構造』今村仁司・塚原史訳、紀伊國屋書店。

（長谷正人）

文化資本と文化的再生産

P・ブルデューは、文化と社会・経済的構造との相互関係に焦点をあて、文化が経済と連動して階級関係を構造化し、再生産するメカニズムを示した。たとえば美術館やコンサートに出かける文化的慣習行動や、芸術や娯楽、食物に対する嗜好のあり方は、その人の教育水準や出身階層と関連するが、それをブルデューは経済学の発想を借りて文化資本という観点から説明する。文化資本は彼によれば⑴身体化された様態、⑵客体化された様態、⑶制度化された様態という三つの形式をとる。身体化された様態とは社会化のなかで個人の身体に組み込まれる感じ方、考え方やふるまい方＝ハビトゥスをさし、それは主に家庭のなかで無意識的に獲得されるものであるため、相続されるものでありながら、経済資本よりも隠蔽度が高く、いわば象徴的な資本としてより高い機能を発揮する。客体化された様態とは絵画や書物などの物質的財であるが、この資本も身体化された資本が大きいほど有効に活用できる。制度化された様態とは学歴、資格などをさし、文化資本を制度として確定することにより、その価値を根拠づける。この三つの文化資本のダイナミズムにより、社会・経済的構造に適合する支配的文化が正当化＝正統化される。経済的に豊かで学校教育制度に親和性をもつ環境で育つことが「上品で趣味が良く高学歴」の人を生み出すことになり、既成の社会構造と権力関係が再生産されていくことになる。

なお、ブルデューの観点の日本社会への応用例として、竹内洋の研究がある。竹内は文化資本の概念を活用しながらも、日本ではフランスと異なり、歴史的に帝国大学文学部が上層階級の再生産の場とならず、むしろ地方人や文化的成りあがり階級の「文化貴族」化の装置となってきたことを明らかにし、今日の日本は「新中間大衆文化」に覆われ、正統文化が象徴的な権力をもちえなくなっていると指摘している。

おすすめ文献

竹内洋 二〇〇三『教養主義の没落――変わりゆくエリート学生文化』中公新書。
P・ブルデュー 一九八六「文化資本の三つの姿」福井憲彦訳『actes』一九八六年一月号、日本エディタースクール。
P・ブルデュー 一九八九・一九九〇『ディスタンクシオン』I・II 社会的判断力批判』石井洋二郎訳、藤原書店。
P・ブルデュー／J-C・パスロン 一九九一『再生産（教育・社会・文化）』宮島喬訳、藤原書店。

（河原和枝）

文化社会学

社会学の歴史のなかでは、「形式社会学」に対する「文化社会学」、あるいは「心理学的社会学」に対する「文化社会学」など、特定の方法論的立場を意味することもあるが、現在ではそうした歴史的用語法はすたれ、広く文化現象への社会学的アプローチを文化社会学と呼ぶのが普通になっている。

文化社会学が扱う具体的現象の範囲はかなり広い。伝統的に「文化」とみなされてきた宗教・芸術・科学・知識・教育などに加えて、たとえばスポーツ、ファッション、観光、メディア、情報などを扱わない文化社会学というものは現代では考えにくいであろう。文化の概念が日常の生活文化、メディアを介したポピュラー文化などをも包摂して広くなるにつれて、文化社会学が扱う対象も広範になり、その扱い方（視点や方法）も多様化してきた。さらに、さまざまな意味を生み出す記号の体系として文化をとらえる考え方に立脚して一九八〇年代以降、「文化論的転回（cultural turn）」と呼ばれる動向が進展してくると、文化を階級構造や権力構造などの単なる反映とみるのではなく、それらの形成にも関与するダイナミックな要因としてとらえる観点が普及し、社会学以外の分野からのアプローチや学際的な文化研究も盛んになる。こうして文化研究は活性化し多彩になるが、反面、文化社会学という領域の輪郭が曖昧化し判然としなくなる状況も生じる。

もちろん重要なのは研究の実質的成果であり、必ずしも学問上の領域区分にこだわる必要はないが、現代の学際的文化研究の大きな潮流である「カルチュラル・スタディーズ（CS）」と比較するなら、文化社会学は（当然CSと重なり合う部分も多いとはいえ）、研究対象に関してはポピュラー文化やメディア研究の比重がCSほど大きくないこと、また研究方法に関しては社会学がこれまで開発してきた概念や方法の利用度が高く、マルクス主義や批判理論の利用度はCSより低いこと、などの点で異なる。

おすすめ文献

井上俊・長谷正人編、二〇一〇『文化社会学入門――テーマとツール』ミネルヴァ書房。
F・ジェイムソン　二〇〇六『カルチュラル・ターン』合庭惇ほか訳、作品社。
南田勝也・辻泉編　二〇〇八『文化社会学の視座――のめりこむメディア文化とそこにある日常の文化』ミネルヴァ書房。

（井上　俊）

ポピュラー文化論

メディアや消費が生み出す文化の領域に加え、民衆の文化や娯楽といったものまでを含む、幅広い領域を探究の対象とする研究分野である。またそのアプローチとして、文化の担い手の能動性や多様性、またその歴史性を明らかにしていく立場をとることが多い。

　この分野は大衆文化（マス・カルチャー）論が探究する対象領域と重なるが、「大衆」のニュアンスには、俗なもの、ありふれたものという意味があり、大衆文化論は大衆文化を否定的に扱うことが多い。またその受け手である大衆は大量消費の一方的な受け手で、均質な存在として扱われがちであった。このため、こうした否定的なニュアンスをもつ大衆文化に代わり、ポピュラー文化という言葉が使われるようになった。なお、ポピュラー文化のポピュラーを「大衆」や「通俗」と訳す例も時にみられるが、厳密に考えれば、それらは大衆文化と異なるニュアンスをもたせようとしたポピュラー文化の意味づけに反するものである。

　また大衆文化論の探究対象が、主にマスメディアといった文化産業的な領域に限られることに対し、ポピュラー文化論はより広汎な領域を探究対象としており、マスメディア出現以前の民衆文化から、現在におけるネットユーザの振る舞いなどまでを幅広く扱う。

　さらに現在の文化のあり方は、メディアや消費の生み出す文化と日常の文化、あるいは従来であれば芸術としてあった高級文化（ハイ・カルチャー）までが、密接に絡み合う複雑な状況を呈している。ポピュラー文化論のアプローチは、こうした文化の複雑な絡み合いの状況そのものを対象としていくものでもある。

おすすめ文献

井上俊・伊藤公雄編　二〇〇九『ポピュラー文化』（社会学ベーシックス7）世界思想社。
太田省一　二〇一一『アイドル進化論——南沙織から初音ミク、AKB48まで』筑摩書房。
D・ストリナチ　二〇〇三『ポピュラー文化論を学ぶ人のために』渡辺潤・伊藤明己訳、世界思想社。
難波功士　二〇〇七『族の系譜学——ユース・サブカルチャーズの戦後史』青弓社。
南田勝也　二〇〇一『ロックミュージックの社会学』青弓社。
吉見俊哉・若林幹夫編　二〇〇五『東京スタディーズ』紀伊國屋書店。

（加藤裕治）

マルクス主義の文化論

マルクス主義には「公式」と言われるものがある。経済（生産様式）が社会の土台としてあり、政治や文化はその上部構造としてあること。前者の変化が後者の変化をもたらし、かつその逆はないこと。この二点が公式のポイントである。マルクス自身は常にこのような枠組みだけで物事をとらえていたわけではないのだが、『経済学批判』の序文ではたしかにこの公式が述べられ、それが少なからず影響力をもってきたことは否めない。

この公式は、時代の変化によって種々の限界を露呈した。マルクスを重要な知的源泉とする現代の文化理論は、その限界を乗り越えようとするところから生み出され、文化が経済構造の単純な反映ではなく、それ自体が現実を構成し、産出する力をもっていることを明らかにしてきた。たとえばT・アドルノとM・ホルクハイマーの『啓蒙の弁証法』は、経済的に発展し、合理化の進んだはずのドイツでなぜナチスのような野蛮な政治が発生したのかという問いから生まれており、その延長上で文化産業への批判的考察もなされた。

また、マルクス主義では国家は支配のための抑圧装置とされるが、この認識では支配される者が進んで国家に従うことがある（しかも現代においてはしばしばそうである）という事態を説明できない。この問題と向きあい、マルクス主義理論の刷新を先駆的に試みたのがA・グラムシである。グラムシは、現代の権力が人びとを強制的に抑圧するだけでなく、指導や宣伝、説得をつうじて人びとの同意を得つつ、自発的に服従する主体を創り出すことを指摘した。そしてそのような主体を創り出す力を「ヘゲモニー」と呼び、現代社会においては抑圧的権力よりもヘゲモニーの比重が増大すると論じたのである。宣伝や説得をつうじたヘゲモニーの行使は、とりわけ文化(学校やメディア、大衆文化など)の領域で行われる。それゆえヘゲモニーという現代的な力のあり方について研究するうえで、文化は重要なフィールドとなる。

このグラムシの理論は、第二次大戦後、フランスのL・アルチュセールやイギリスのR・ウィリアムズやS・ホールなど、多くのマルクス主義理論家に影響を与えてきた。ウィリアムズやホールらのカルチュラル・スタディーズは、文化、とりわけポピュラー文化を社会の支配的イデオロギーをめぐって交渉や抗争が展開される場と見なしたが、そこにはグラムシの影響をはっきりと見ることができる。

おすすめ文献

L・アルチュセール　二〇〇五『再生産について――イデオロギーと国家のイデオロギー諸装置』西川長夫ほか訳、平凡社ライブラリー。
A・グラムシ　二〇〇一『グラムシ・セレクション』片桐薫編訳、平凡社ライブラリー。
E・フロム　一九六五『新版　自由からの逃走』日高六郎訳、東京創元社。
W・ベンヤミン　一九九五『ベンヤミン・コレクションI　近代の意味』浅井健二郎編訳、久保哲司訳、ちくま学芸文庫。
J・ボードリヤール　一九九五『普及版　消費社会の神話と構造』今村仁司・塚原史訳、紀伊國屋書店。
M・ホルクハイマー/T・アドルノ　二〇〇七『啓蒙の弁証法――哲学的断想』徳永恂訳、岩波文庫。
K・マルクス/F・エンゲルス　二〇〇二『新編輯版　ドイツ・イデオロギー』廣松渉編訳、小林昌人補訳、岩波文庫。

(松浦雄介)

量的方法と質的方法

社会にあらわれた現象を理解するために、調査が実施される。自然現象の法則を知るには実験という方法が有効だが、人をつかった実験は許されない。かわりに調査が行われるのだが、その際、なるべく数でとらえられるかたちで考える方法と、数で表しにくい要素をひろいとる方法とがもちいられる。

量的方法では社会の傾向や個人の意識・態度などを、計算できる数値データに置きかえる。そうすれば、比較によって傾向や変化がとらえられるだけでなく、いくつかの要因のあいだの関連を考えることもできる。コンピュータの助けを借りると、複雑な社会現象のなかから関連の強い要因を見つけ出すことも容易にできる。だが、そのためには対象についての基礎データがそろっていて、調査票などが適切に作成される必要がある。また、少ない標本から全体の傾向を推測するために求められる手続きも重要である。

いっぽうの質的方法には、必要な情報を得るために文書を検索して分析することや、関係者に面接して聞き取りを行うこと、現場に出かけて観察をして記録を作成することなどがふくまれる。数値にしづらい内容が多く、客観性や再検証の可能性という点では量的方法よりも劣るという見解もある。反面、社会現象の複雑さや人の生活の多面性を、よりリアルに描き出すことが可能となる。

費用や時間に制約があるときには、量的方法か質的方法かの、いずれかひとつを選ぶしかない。しかし、ひとつだけの方法で社会を描くのは、作業として十分ではない。多様な人びとが生きる社会をとらえるには、もうひとつの方法によって補うことが求められる。それには、チームによって調査を実施することや、個人研究であってもバランスのとれた方法の組み合わせを考慮した調査を設計することが重要となる。

また、どのような方法をとるにせよ、調査によって得られた見解は報告書などにまとめて公表し、社会に還元するのが約束である。調査の「対象」は人間であり、研究者と同じく社会に生きている。対象者が「協力者」であるという点をわすれてはならない。

おすすめ文献

工藤保則・宮垣元・寺岡伸悟編　二〇一〇『質的調査の方法――都市・文化・メディアの感じ方』法律文化社。
J・W・クレスウェル／V・L・プラノ クラーク　二〇一〇『人間科学のための混合研究法――質的・量的アプローチをつなぐ研究デザイン』大谷順子訳、北大路書房。
佐藤健二・山田一成編　二〇〇九『社会調査論』八千代出版。
林知己夫　二〇一一『調査の科学』ちくま学芸文庫。

（永井良和）

あとがき

本書の初版は一九九三年に出版されました。その後、一九九八年に新版が出されましたが、それ以来大きな改訂はありませんでしたので、今回は約一五年ぶりの全面改訂ということになります。ですから、とうぜん各章の内容やデータについては大幅な改訂や変更がおこなわれています。なかには、テーマそのものを変更した章もあります。けれども、序章を入れて一五章から成る全体の構成については実は大きな変更はありません。目次をみていただければわかりますが、第Ⅰ部では現代文化の特徴的傾向についてやや一般的に考え、第Ⅱ部と第Ⅲ部では「ポピュラー音楽」「マンガ」「スポーツ」「ファッション」「観光」など、現代文化をめぐる具体的なトピックスを各論的にとりあげるという構成は、ほぼ以前の版を踏襲しています。ただし、巻末の「現代文化研究の視点と方法」というセクションは、今回新たにつけ加えたものです。

本書は基本的には現代文化論あるいは現代文化研究の教科書・入門書として編まれています。しかし、その基本線は守りながらも、一方では各章の執筆者それぞれの個性や好みがさまざまな形で発揮されていますので、読み物としても結構おもしろいものになっているのではないかと思います。読者の皆さんには、現代文化のありように関して多様な側面から柔軟に考えることの楽しさを実感していただければ幸いです。そしてさらには、本書を手がかりに、皆さんそれぞれの関心や視点から現代文化の趨勢・諸相・問題点などについて自分なりの考えを進めていってほしいと思います。そういう余地がいくらでも残されているところも、現代文化研究というフィールドの楽しさなのです。

初版と九八年版に引き続き、世界思想社編集部には今回もまたいろいろとお世話になりました。全訂新版発行のお申し出をいただいたこと、そして慎重な配慮のもとに着実な編集作業を進めていただいたことに厚くお礼を申し上げます。

二〇一四年五月

井上　俊

ま　行

や　行

ら　行

わ　行

事項索引

は　行

ま　行

や　行

ら　行

わ　行

人名索引

永井良和（ながい　よしかず）
関西大学社会学部教授
『スパイ・爆撃・監視カメラ』（河出書房新社，2011年），『南沙織がいたころ』（朝日新書，2011年），『南海ホークスがあったころ』（橋爪紳也と共著，河出文庫，2010年）など。

見開きエッセイ

山中千恵（やまなか　ちえ）　京都産業大学現代社会学部教授
藤澤三佳（ふじさわ　みか）　京都芸術大学芸術学部教授
清水　学（しみず　まなぶ）　神戸女学院大学文学部教授
亀山佳明（かめやま　よしあき）　龍谷大学名誉教授

長谷正人（はせ　まさと）
早稲田大学文学学術院教授
『映画というテクノロジー経験』（青弓社，2010年），『敗者たちの想像力』（岩波書店，2012年），『ヴァナキュラー・モダニズムとしての映像文化』（東京大学出版会，2017年）など。

岡崎宏樹（おかざき　ひろき）
神戸学院大学現代社会学部教授
「尾崎豊のコミュニケーション」（『Becoming』第22号，2008年），『作田啓一 VS. 見田宗介』（共著，弘文堂，2016年），『バタイユからの社会学』（関西学院大学出版会，2020年）など。

瓜生吉則（うりゅう　よしみつ）
立命館大学産業社会学部教授
『マンガの居場所』（共著，NTT 出版，2003年），『テレビだョ！　全員集合』（共著，青弓社，2007年），『思想地図 vol. 5』（共著，日本放送出版協会，2010年）など。

清水　諭（しみず　さとし）
筑波大学体育系教授
『甲子園野球のアルケオロジー』（新評論，1998年），『オリンピック・スタディーズ』（編著，せりか書房，2004年），『日本代表論』（共著，せりか書房，2020年）など。

河原和枝（かわはら　かずえ）
甲南女子大学人間科学部教授
『子ども観の近代』（中公新書，1998年），『日常からの文化社会学』（世界思想社，2005年），『異文化交流史の再検討』（共著，平凡社，2011年）など。

野村明宏（のむら　あきひろ）
大谷大学社会学部教授
「〈社会的なもの〉と〈個人的なもの〉における非決定性の関係論」（『哲学研究』第571号，2001年），『「からだ」の社会学』（共著，世界思想社，2008年），『文化社会学入門』（共著，ミネルヴァ書房，2010年）など。

牟田和恵（むた　かずえ）
大阪大学名誉教授
『部長，その恋愛はセクハラです！』（集英社新書，2013年），『女性たちで子を産み育てるということ』（共著，白澤社，2021年），『フェミニズム・ジェンダー研究の挑戦』（編著，無料電子書籍，2022年）など。

執筆者紹介（執筆順）

井上　俊（いのうえ　しゅん）
後掲（奥付）の編者紹介を参照。

近森高明（ちかもり　たかあき）
慶應義塾大学文学部教授
『ベンヤミンの迷宮都市』（世界思想社，2007年），『無印都市の社会学』（共編著，法律文化社，2013年），『都市のリアル』（共編著，有斐閣，2013年）など。

加藤裕治（かとう　ゆうじ）
静岡文化芸術大学文化政策学部教授
『無印都市の社会学』（共著，法律文化社，2013年），『フラット・カルチャー』（共著，せりか書房，2010年），『映像文化の社会学』（共著，有斐閣，2016年）など。

岡田朋之（おかだ　ともゆき）
関西大学総合情報学部教授
『私の愛した地球博』（共編著，リベルタ出版，2006年），『ケータイ社会論』（共編著，有斐閣，2012年），『セカンドオフラインの世界』（共著，恒星社厚生閣，2022年）など。

山田真茂留（やまだ　まもる）
早稲田大学文学学術院教授
『21世紀社会とは何か』（共編著，恒星社厚生閣，2014年），『社会学の力』（共編著，有斐閣，2017年），『集団と組織の社会学』（世界思想社，2017年）など。

松浦雄介（まつうら　ゆうすけ）
熊本大学大学院人文社会科学研究部教授
『記憶の不確定性』（東信堂，2005年），「産業遺産と文化のグローバル化」（『日仏社会学会年報』第22号，2012年），『映画は社会学する』（共編著，法律文化社，2016年）など。

土井隆義（どい　たかよし）
筑波大学人文社会系教授
『友だち地獄』（ちくま新書，2008年），『人間失格？』（日本図書センター，2010年），『少年犯罪〈減少〉のパラドクス』（岩波書店，2012年）など。

編者紹介

井上　俊（いのうえ　しゅん）

大阪大学名誉教授
専　攻　文化社会学，コミュニケーション論
著　書『死にがいの喪失』（筑摩書房）
『遊びの社会学』（世界思想社）
『悪夢の選択――文明の社会学』（筑摩書房）
『スポーツと芸術の社会学』（世界思想社）
『武道の誕生』（吉川弘文館）
『文化社会学界隈』（世界思想社）など。
編　著『命題コレクション社会学』（共編，ちくま学芸文庫）
『岩波講座 現代社会学』（全26巻・別巻1，共編，岩波書店）
『自己と他者の社会学』（共編，有斐閣）
『社会学ベーシックス』（全10巻・別巻1，共編，世界思想社）
『文化社会学入門』（共編，ミネルヴァ書房）
『よくわかるスポーツ文化論』（共編，ミネルヴァ書房）
『別れの文化――生と死の宗教社会学』（共編，書肆クラルテ）など。
訳　書 D. プラース『日本人の生き方』（共訳，岩波書店）
R. コリンズ『脱常識の社会学・第二版』（共訳，岩波現代文庫）など。

〔全訂新版〕現代文化を学ぶ人のために

2014年 8 月10日　第1刷発行　　定価はカバーに
2022年 4 月30日　第3刷発行　　表示しています

編　者　井　上　　俊
発行者　上　原　寿　明

世界思想社
京都市左京区岩倉南桑原町56　〒606-0031
電話　075(721)6500
振替　01000-6-2908
http://sekaishisosha.jp/

（印刷　共同印刷工業）

ISBN978-4-7907-1636-5